Odette Fabius

Sonnenaufgang über der Hölle

Odette Fabius

Sonnenaufgang über der Hölle

Von Paris in das KZ Ravensbrück

Erinnerungen

Aus dem Französischen
von Ira und Gerd Joswiakowski

NEUES LEBEN

Titel des französischen Originals
»Un lever de soleil sur le Mecklembourg«

ISBN 3-355-01489-3

Umschlag und Lithographie: WOGE Design, Berlin
Layout und Satz: Verlag Neues Leben GmbH
Druck und Binden: Druck- und Verlagsanstalt
Wiener Verlag GmbH

I

Diese Erinnerungen sind meinen Enkelkindern
Georgina und Christopher Hayman gewidmet,
damit sie erfahren, wer ihre Großmutter war.

II

Zur Erinnerung an Pierre Ferri-Pisani,
der mich 1942 lehrte, worin die Größe eines Menschen
im Unglück und in der Niederlage besteht.

Und zur Erinnerung an Jean-Bernard Verlot,
an dessen Seite ich dreißig Jahre lang moralische Größe,
Bescheidenheit, Verständnis und Wissen erfuhr,
das heißt, die Ehre, ein Mensch zu sein.

Vorwort

Ich schrieb mir eines Tages diesen Ausspruch eines Philosophen – welchen? – in ein Heft: »Die Handlungen der Menschen haben den Dingen ihren Sinn gegeben. Die Praxis hat den Vorrang vor der Betrachtung.«

Aber bevor man sich in »Betrachtungen« versenkt, sollte man da nicht »irgend etwas« vollbracht haben? Ist Leben an sich schon eine positive Tat?

Vielleicht muß die Trägheit, besonders die intellektuelle Trägheit, eines Tages sehr teuer bezahlt werden? Vielleicht an dem Tag, an dem man sich bewußt wird, daß die Leichtfertigkeit, eine gewisse Freimütigkeit, der Sinn für Humor, eine intellektuelle aber nicht metaphysische Ehrlichkeit einem geholfen haben, mit Erfolgen durchs Leben zu gehen, die die Notwendigkeit, des Absoluten verborgen haben?

An der Schwelle des Alters mag uns die Bilanz eines Lebens mittelmäßig erscheinen.

Was sollte man tun? Was hätte man tun sollen, um zufrieden zu sein? Lieben? Liebt man jemals genug? Geliebt werden? Und wenn der Mensch, der einen geliebt hat, nicht vollkommen zufrieden oder glücklich war? Was bleibt? Das Schöpferische? Und wenn das Schicksal einem kein Talent verliehen hat? Oder wenn die Trägheit einen zu häufig daran gehindert hat, das Talent, das jeder in sich selbst fühlen sollte, zu entwickeln?

Noch einmal, was bleibt, um zu altern? Um dem Absoluten des Endes und des Nichts gegenüberzutreten.

1. Kapitel

Winter 1944/45. Welchen Monat hatten wir? Für die Gefangenen ist der Zeitbegriff verwischt und ungewiß. Keine Uhr, kein Kalender. Und jeder graue, kalte Morgen ähnelt dem anderen grauen, kalten Morgen, kalt und grau über dieser mecklenburgischen Ebene, deren Eintönigkeit die Trübsinnigkeit des Wetters und die Lage der Gefangenen verschlimmert – wenn dies überhaupt noch möglich ist.

Schatten auf einer Straße – im Nebel nur erkennbar an den dunklen Streifen ihrer armseligen Kleidung. Sie bewegen sich langsam mit unendlich müden Gesten, sie schleppen Steine, mühen sich, den gefrorenen Boden aufzuhacken. Ein einziger, auch noch so kleiner Sonnenstrahl würde ihnen ein wenig Kraft geben: Aber dieser Strahl zeigt sich nicht.

Diese Schatten am Rande der Erschöpfung, die fast mit dieser alptraumhaften Landschaft verschmelzen, bilden ein Arbeitskommando des Lagers Ravensbrück, wo Zehntausende Frauen furchtbar gelitten haben, bevor die meisten von ihnen als Rauch durch die Schornsteine geschickt wurden.

Das Arbeitskommando soll eine Straße bauen – eine irrsinnige Aufgabe, irreal angesichts der physischen Erschöpfung der Frauen. Eine dieser Schatten scheint sich langsamer und mühsamer zu bewegen als ihre Gefährtinnen. Diese Frau stand wenige Monate zuvor noch in der Kraft ihrer dreißig Jahre, überströmend vor Unternehmungslust und Begeisterung, von einer robusten Gesundheit, mit der einzigartigen Fähigkeit begabt, immer guter Laune zu sein. Wenn sie jetzt auf dieser Straße in einem so bedauernswerten Zustand ist, dann deshalb, weil sie gerade aus dem Bunker kommt, diesem schrecklichen Verließ des Lagers, in dem sie acht Tage lang eingesperrt war, völlig nackt und ohne Nahrung. Zuvor hatte sie wegen eines Fluchtversuchs die fürchterliche Strafe von fünfzig Stockschlägen erhalten. Eine Elendsgefährtin bemerkt ihre Schwäche. Sie ist sicher selbst sehr müde, aber sie ist jünger, sie kommt nicht aus dem Bunker und vor allem ist sie weniger hilflos als sie, so schwere Männerarbeit zu verrichten. Sie geht auf die Kameradin zu: »Gib mir deine Schaufel. Ich bin mein Leben lang früh um fünf aufgestanden, um in der Fabrik zu arbeiten. Du mußtest sicher nie um fünf aufstehen, wer weiß, ob du je in deinem Leben mit deinen Händen gearbeitet hast.«

Mit meinen Händen gearbeitet. Meine mutige Kameradin, die mir an diesem Tag so geholfen hat, hätte es nicht besser ausdrükken können. Mit diesem Satz sollte ich meine Lebenserinnerungen beginnen.

Es ist ein Handicap, in einer reichen Familie zur Welt zu kommen, genauso wie in Armut geboren zu sein. Der Unterschied zwischen beiden Handicaps besteht darin, daß der zweite sich sehr früh nachteilig bemerkbar macht, während die Nachteile des ersten im Erwachsenenalter spürbar werden.

Ich hatte eine glückliche Kindheit, sehr glücklich. Es fehlte mir an nichts. Weder an aufmerksamer Fürsorge noch an schönen Kleidern, weder an Seeluft noch an Landaufenthalt und auch nicht an Zärtlichkeit, die junge Menschen – und auch weniger junge – am dringendsten brauchen.

Als Wunschkind stand ich mit meinem Bruder im Mittelpunkt des Familienlebens. Obwohl eine Gouvernante meine Mutter von den unmittelbaren täglichen Aufgaben entlastete, so waren wir doch nicht fremden Händen überlassen, wie viele Kinder unserer Kreise. Weder mein Vater Maître Schmoll, ein ziemlich bekannter Anwalt am Obersten Gericht in Paris, noch meine Mutter, die aus einer sehr alten Familie aus Bayonne stammte, waren der Meinung, daß ihre Wohlhabenheit sie von der Verantwortung entbinde, die auf allen Eltern liegt.

Ihre Hauptsorge galt der Erziehung ihres Sohnes Robert, genannt Bobby – zweieinhalb Jahre älter als ich und von schwächlicher Gesundheit, weil er zwei Monate zu früh auf die Welt kam – und ihrer Tochter Odette, der Autorin dieser Zeilen. Uns zu gesunden, intelligenten und moralisch untadeligen Menschen zu erziehen, stellte für sie eine unabdingbare Pflicht dar.

Ich war also ein umsorgtes, aber kein verwöhntes Kind. Wenn ich auch alles hatte, wovon ein kleines Mädchen träumen kann, so konnte ich doch nicht meine Launen durchsetzen. Ich wußte, daß mein Vater oder meine Mutter auch »nein« sagen und sich meinen Wünschen widersetzen konnten. Ich war mir dessen immer bewußt, und dieses Gefühl meiner Grenzen, die durch einige Klapse meines gerechten Rechtsanwalt-Vaters bekräftigt wurden, hat sicher dazu beigetragen, aus mir einen ausgeglichenen, relativ disziplinierten und, wie ich glaube, sozialen Menschen zu machen. Auch meine robuste Konstitution, die ich immer wieder unter Beweis stellte – zur Freude meiner Eltern, die sich um die Anfälligkeit meines Bruders große Sorgen machten, haben mir später ermöglicht, besser als andere die Leiden auszuhalten, die ich durchmachen mußte. Dennoch hatte ich bis in die ersten Kriegsjahre überhaupt keine Ahnung, was es heißt, sparen zu müssen, das Monatsende zu fürchten oder einfach für den Lebensunterhalt arbeiten zu müssen.

Ich wußte nicht, daß die kostbaren und angenehmen Dinge des Lebens von langen und geduldigen Anstrengungen abhingen. Das Leben war für mich ein wunderbares Geschenk. Ich stellte mir keine Fragen über seinen Ursprung oder sein Ende.

Wenn man das Glück hatte, gesund und jung zu sein und geliebt wurde, sollte man so gut wie möglich genießen, was uns gegeben war und alles tun, damit unser Aufenthalt auf Erden für alle eine Freude ist. Diese optimistische Vorstellung von der Zukunft, die ernste Fragen ausschloß und mit den Privilegien meiner Herkunft zusammenhing, prägte mich lange Zeit. Wahrscheinlich zu lange. Sie erklärt meine Vorliebe für gewisse, zweifellos zweitrangige Werte, für belanglose Details des mondänen Lebens, kurz für die oberflächliche Seite, wie sie für Menschen typisch ist, die niemals wirklich darum kämpfen mußten, um das zu werden, was sie sind.

Aber zurück zu meiner Kindheit. Sie war ganz normal, verlief ganz geregelt. Bei der Geburt meines Bruders Bobby wurde, der Tradition wohlhabender Familien gemäß, eine englische Gouvernante aus London engagiert, die sich um das Baby kümmerte und es vom ersten Lallen an in die Sprache Shakespeares einführen sollte. Sie wird sich später auch um mich kümmern. Wir nannten sie unsere »Nanny« und empfanden eine echte Zuneigung für sie. Sie hieß Alice Darling und hatte in einem Londoner Krankenhaus für Kleinkinder gearbeitet. Sie war eine Freundin der Pfarrersfrau der Anglikanischen Kirche in der Rue d'Aguesseau, in der Nähe des Elyséepalastes.

Bei ihr verbrachte sie alle Sonntagnachmittage, während wir mit dem Sohn und der Tochter des Pfarrers spielten. Die übrige Zeit verbrachte sie mit uns, und man sollte meinen, daß sie hier glücklich war, denn sie blieb zweiunddreißig Jahre bei uns – bis zum Einmarsch der Deutschen.

In den Jahren vor dem ersten Weltkrieg ging Nanny jeden Tag zwei Stunden lang vormittags und nachmittags mit uns in den Gärten der Champs Elysées, in der Nähe unserer Wohnung, Rue de Ponthieu, spazieren. Wir kamen zum Kaffee zurück, den wir mit unserer Mutter einnahmen. Unser Nachbar auf unserem Stockwerk war der Sohn von Professor Charles Richet, einem der bekanntesten Wissenschaftler seiner Zeit und Nobelpreisträger, dessen Enkelin Jacqueline oft mit uns spielte. Seltsamerweise traf ich Jacqueline Richet sehr viel später in einem dramatischen Abschnitt meines Lebens wieder. Als ich 1943 ins Gefängnis von Fresnes überführt wurde, war sie auch da. Sie war wie ich in Einzelhaft, ihre Zelle befand sich neben meiner, und wir stellten durch Klopfzeichen unsere Namen fest. Ein Jahr später gehörte sie zu den ersten Deportierten, die ich in Ravensbrück wiedertraf. Sie war schon vor mir deportiert worden. Nach unserer Befreiung blieben wir bis zu ihrem Tode 1984 herzlich und treu verbunden.

Mein Vater nahm gewöhnlich um elf Uhr sein Mittagessen ein und ging dann in den Justizpalast, von wo er gegen fünf Uhr zurückkam. Er schaute kurz bei uns rein und empfing dann bis zwanzig Uhr seine Klienten.

August 1914 ... Der Krieg überraschte uns in Bourboule, wo wir meinen Bruder zur Kur begleiteten. Meine Mutter besaß ein Diplom als Krankenschwester und meldete sich freiwillig, um die ersten Verwundeten zu pflegen, die sehr bald in unserem Hotel eintrafen, dessen ganze erste Etage zum provisorischen Lazarett umgewandelt wurde. Ich bin dreieinhalb Jahre alt, ich trotte hinter meinem Bruder her, der hinter meiner Mutter hertrottet, und wir verteilen Zigaretten an die verwundeten Soldaten.

Mein Vater holt uns im Auto ab und bringt uns nach Brive, von wo aus wir mit dem Zug nach Biarritz fahren sollen. Er ist zu alt, um an die Front geschickt zu werden, muß aber nach Paris zurück, wo er dem Militärgouverneur zugeteilt ist. Wir Kinder verbringen den ganzen Krieg bei meinen Großeltern an der baskischen Küste. Der Zug nach Biarritz entgleiste, und obwohl ich noch sehr klein war, entsinne ich mich, daß ich mit meinem Bruder auf dem Gleisschotter spielte, während wir darauf warteten, daß uns eine andere Lokomotive abholte.

Manchmal scheint mir, daß mich all meine Kindheitserinnerungen zu diesem Krieg 1914/18 zurückführen. Der Krieg berührte Bobby und mich kaum. Wir lebten in dem schönen Haus, umsorgt von dem Personal meiner Großeltern, zu dem noch die Angestellten meiner Eltern kamen. Wir gingen an den Strand und bauten Sandburgen. Nanny bemühte sich, uns gute Manieren und vor allem englisch beizubringen.

Meine Mutter pflegte in der Uniform einer Oberschwester die Verwundeten im Hotel Carlton, das als Krankenhaus eingerichtet worden war.

Diese Jahre sind von einer besonderen Zärtlichkeit zwischen meinem Bruder und mir gekennzeichnet. Vielleicht litt er darunter, daß er schwächer und kleiner war als seine jüngere Schwester. Er bestimmte immer unsere Spiele. Sie bestanden meist aus improvisierten Szenen, in denen er den Stärkeren und Besseren oder den Despoten darstellte. Wir verkleideten uns gerne. Er war Mardochai und ich Esther, das sind unsere biblischen Vornamen. In unserem Spiel heiratete Mardochai seine Nichte Esther, die ihm gehorchen und ihn verehren muß, die sich vor ihm niederwirft, ihm Hände, Füße und Rocksaum küßt. In einer anderen Szene ist Bobby Prinz Eduard von England (damals Prinz von Wales), ich bin Prinz Georg (der nach der Abdankung von Eduard VII. König wird). In dieser Geschichte, die wir von Nanny kennen, muß ich wiederum sein Adjutant sein, der Untergebene meines Herrschers, dem ich totale Unterordnung und Gehorsam schulde. Diese Spiele machen uns viel Spaß. Sie sind mir als Kniebeugen, Herumtollen und einer tiefen Liebe in Erinnerung geblieben. Mein Vater rief uns jeden Tag aus Paris an.

1918 ist außer dem Krieg auch sonst ein schreckliches Jahr für uns. Ich werde am Blinddarm operiert. Mein Großvater mütterlicherseits steht sich nicht gut mit dem einzigen Chirurgen von Bayonne, der seines Alters wegen nicht eingezogen ist. Da er nicht mit ansehen will wie ich »zerschnippelt« werde, besucht er in Paris seinen Bruder Rodrigues Ely, den Präsidenten der Gesellschaft der Leuchttürme BRC (Boas, Rodrigues und C.), den er seit 1914 nicht mehr gesehen hat. Als mein Vater ihm mitteilte, daß ich auf dem Wege der Besserung sei, packt er seinen Koffer voll Puppen und nimmt den nächsten Zug nach Hause. Er vergöttert mich und ich erwidere seine Liebe. Aber wir sollten uns nicht wiedersehen: Er stirbt an einem Herzanfall auf dem Bahnhof von Angoulême in den Armen einer Nonne.

Kurz nach diesem Unglücksfall erkrankt meine Mutter sehr schwer an Diphtherie. Wir müssen einen Monat in Cauterets verbringen. Sie behält noch lange Zeit eine rauhe und verschleierte Stimme. Sie kann nicht mehr singen wie einst, als sie mit ihrer wunderbaren tiefen Altstimme eine der Lieblingsschülerinnen von Felia Litvine war.

Im Herbst hat sich unser Gärtner beim Beschneiden der Bäume

auf den Spitzen des Gitterzaunes in unserem Park aufgespießt. Er verstarb am selben Tag. Zwei Hausangestellte meiner Großmutter starben an der spanischen Grippe.

Endlich kommt der 11. November, der Waffenstillstand. Überall herrscht große Freude. Biarritz ist mit Fahnen geschmückt. Unsere Nanny nimmt mich und meinen Bruder um elf Uhr mit zur Truppenparade. Man singt die »Marseillaise«, den »chant du départ«, die »Jeanne la Lorraine« und die »Madelon«, Lieder, die wir beide auswendig können. Am Abend singt die damals berühmte Marthe Chenal die »Marseillaise« für die Verwundeten. Ich darf nicht mit, weil ich noch zu klein bin, um abends auszugehen. Mein Bruder hat die Erlaubnis. Ich bin sehr enttäuscht.

Wir kehren nach Paris zurück und Bobby kommt in das Lyzeum Condorcet. Ich werde in der benachbarten Privatschule Knoertzer und Gérard in der Rue du Colisée angemeldet, die einen ausgezeichneten Ruf besitzt. Nanny bringt mich morgens hin, und meine Mutter holt mich oft ab. Ich konnte schon lesen und schreiben. Ich ging leidenschaftlich gern zur Schule. Doch ich habe an diese Zeit kaum Erinnerungen, außer an eine Familie, die fest zusammenhielt.

Mein Vater ist groß, schön und verführerisch. Das weiß er auch. Vielleicht etwas zu gut. Er hat viel Erfolg bei Frauen. Meine Mutter leidet im stillen darunter. Doch ich sah sie nur einmal wegen einer jungen Rechtsanwältin weinen, einer Mitarbeiterin ihres Mannes, die ihr den nötigen Respekt schuldig blieb, indem sie als erste durch unsere Wohnungstür ging, ohne meine Mutter zu grüßen. Mein Vater hatte zahlreiche Liebschaften, die jedoch von kurzer Dauer waren, denn er liebte meine Mutter wirklich. Wenn er mal verreiste, schrieb er ihr jeden Tag ausführlich. Als ich nach ihrem Tode ihre Papiere ordnete, hatte ich Gelegenheit, einige dieser Briefe zu lesen. Es waren Briefe eines zutiefst Liebenden. Ich habe meinen Vater nicht als jungen Mann gekannt. Er hat erst mit 36 Jahren geheiratet. Als ich geboren wurde, war er vierzig Jahre alt. Ich erinnere mich an seine schönen silbernen Haare. Bis zu meinem vierten Lebensjahr spreche ich – zweifellos einem Snobismus jener Zeit geschuldet – nur englisch. Es ist die Sprache, in der ich meine ersten Worte sage, während mein Vater nur französisch verstand. Wir konnten uns erst richtig verständigen, als er fünfundvierzig Jahre alt war ..., er war sehr zärtlich zu mir, nicht aber zu meinem Bruder. Das glich wahrscheinlich die überschwengliche Liebe meiner Mutter und Nannys für das einst »zu frühgeborene Baby« aus.

Er nahm mich auf seine Knie, ging am Sonntag mit mir im Bois de Boulogne spazieren, und oft besuchten wir zusammen seine Eltern, die in der Rue de la Pompe wohnten. Mein Großvater väterlicherseits starb, als ich sieben Jahre alt war, und meine Großmutter ein Jahr darauf. Meine Mutter mochte sie nicht, deshalb kamen sie selten zu uns. Sie stammten aus einer sehr alten Familie aus Straßburg. Nach dem Krieg von 1871 haben sie das Elsaß verlassen und sich in Paris in der Rue des quatre fils niedergelassen. Sie unterhielten einen Betrieb für Mineralwasser, das seinerzeit großen Erfolg hatte. Zu Beginn des Jahrhunderts sah man die Lieferwagen des Mineralwassers Schmoll überall in den Straßen von Paris.

Der zweite Weltkrieg hat unter anderem auch bewirkt, daß die Vorstellung, die viele Juden von sich als Juden hatten, umgestoßen wurde. Die Familie meiner Mutter hielt sich tatsächlich für Aristokraten. Dieser Ansicht waren viele Juden aus der Gegend von Bordeaux. Sie waren Nachkommen spanischer und portugiesischer Marannen (getaufter Juden, die ihre mosaische Religion erst heimlich, dann offen praktizierten). Sie mußten Ende des 15., Anfang des 16. Jahrhunderts von der Iberischen Halbinsel fliehen. Diese Juden aus Bordeaux, aus Dax und anderen Städten – in Peyrehorade gibt es einen berühmten Friedhof aus dem 18. Jahrhundert – fühlten sich von ihren Glaubensbrüdern in Frankreich durch eine tiefe soziale und kulturelle Kluft getrennt – ganz zu schweigen von denen in Osteuropa, deren Existenz ihnen vielleicht nicht einmal bekannt war. Es handelt sich keineswegs um simple folkloristische Unterschiede. Diese Familien des Südwestens, die hauptsächlich aus Ärzten, Professoren, Bankiers, Reedern, großen Handelskaufleuten bestanden, besaßen unter der Monarchie einen Status, der sie im Vergleich zu allen anderen Juden des Königreichs zu Privilegierten erhob. In den Urkunden, die den Einwanderern für die Gebiete Guyenne und Bearn 1150 von Henri II. verliehen und von Henri III. im Jahre 1574 bestätigt wurden, erhielten sie die Freiheit des Wohnsitzes, des Handels und der Erbschaft zuerkannt, was in anderen Gebieten Frankreichs nicht der Fall war. Einige dieser Juden wurden sogar geadelt. Sie waren sehr stolz darauf, daß die Mutter des Philosophen Montaigne Jüdin war, eine Nachfahrin der Marannen.

In Bayonne, der Wiege meiner Familie mütterlicherseits, gab es im Jahre 1755 dreizehn Synagogen. Die Juden des Südwestens spanischer und portugiesischer Herkunft unterhielten Beziehungen zu England, den Niederlanden und den Antillen. Der Reeder David Gradis war mit Minister Choiseul befreundet.

Auf Anordnung Kaiser Napoleons sollte die jüdische Gemeinschaft Frankreichs eine offizielle Vereinigung gründen, um sie beim Staat zu vertreten. Als der Kaiser zu diesem Zweck eine Versammlung einberief, wurde mein mütterlicher Vorfahre Abraham Furtado, ein Bankier aus Bordeaux von liberaler Gesinnung, im Juli 1806 zu ihrem Präsidenten gewählt. Delegierte waren aus allen französischen Provinzen und selbst aus Italien und Deutschland gekommen. Er wurde in den Zeitungsberichten und Konferenztexten meist als »Herr Furtado aus der Gironde« bezeichnet. Das zeigt, daß wir uns weit entfernt fühlten von der unglücklichen Gestalt des »ewigen Juden«.

Mein Vater hat sich nach verschiedenen Studien ziemlich spät entschieden, Rechtsanwalt am Appellationsgericht in Paris zu werden, wo er schnell Karriere machte.

Der glänzende Rechtsanwalt genießt ausgiebig die Freuden des Pariser Lebens. Er geht viel aus, und so hat er auch auf einem sehr eleganten Ball meine Mutter kennengelernt. Sie lebte in ihrer Geburtsstadt Bayonne, verbrachte aber mit ihren Eltern jeden Winter drei Monate in Paris in einer Wohnung in der Rue Kleber. Es war bei beiden Liebe auf den ersten Blick. Die Hochzeit fand am 7. Juli 1907 in Bayonne statt. Sie wurde mit großer Pracht auf dem wundervollen Besitztum gefeiert, das mein Großvater am Ufer des Adour besaß und dessen Rosengarten – nach dem im Pariser Park Bagatelle – als der schönste in ganz Frankreich galt.

An diesen Rosengarten habe ich eine ans Wunderbare, an ein Märchen grenzende Erinnerung. Ich war noch sehr klein und erlebte den Garten als eine Allee von Arkaden, die in tausend Farben leuchteten. In meiner Erinnerung spazierte ich zwischen diesen Alleen, und die Schönheit der Rosenstöcke verzauberte mich.

Das Portal dieses Garten Eden wurde zu beiden Seiten von zwei gewaltigen Kletterrosen eingerahmt, die einen Bogen bildeten. Mein Großvater hatte sie zu seinem zehnjährigen Hochzeitstag gezüchtet. Er nannte sie »Rosenstöcke der Madame Auguste Rodrigues«. Er hatte die Rose »Madame Mailland« mit der Rose »Carla« gekreuzt. Daraus entstand eine zauberhafte Farbe. Zu meiner Geburt schuf er eine Rose, die er »die schöne Odette« nannte. Es fällt mir schwer, mich an all die Namen dieser Rosen in den Alleen zu erinnern. Es war ein regelrechtes Feuerwerk, wo sich die »Baccarat«, die »Queen Elizabeth« mit den goldgelben »Golden Arrow« vermischten, die einen Kontrast zu dem leuchtenden rot der »Europeana« und der »Chatter« bildeten. Um diesen drei Hektar großen Traumgarten blühten riesige Magnolien und Catalpa-Büsche, deren Wurzeln bis in den Ardour reichten, der am Haus vorbeifloß. Dies wiederum war von zahlreichen Hortensien von zartem rosa bis dunklem violett umgeben. Mein Bruder hat mir erzählt, meinem Großvater sei die Idee zu dieser Landschaftsgestaltung gekommen, nachdem er gelesen hatte, daß Kaiserin Josephine den ersten Rosengarten Frankreichs in Malmaison anlegen ließ, in dem es über hundert verschiedene Rosensorten gab.

Zur Pflege seines Parks beschäftigte mein Großvater zwei Chefgärtner und fünf Hilfskräfte. Nach seinem Tode 1918 konnte meine Großmutter sich solchen Aufwand nicht mehr leisten und unser wunderschöner Märchengarten verwandelte sich in einen immer noch großartigen Besitz mit reichem Blütenschmuck, den wir von ganzem Herzen liebten, der uns aber nicht mehr verzauberte.

Im Gegensatz zu meinem Vater war meine Mutter klein, zierlich und hübsch. Sie reichte ihm nicht mal bis zur Schulter. Sie vergötterte ihn. Ich habe wenig Erinnerungen an meine Mutter, aber alle sind von Zärtlichkeit und Güte geprägt. Sie war – und wird es immer bleiben – meine beste Freundin, obwohl sie meinen Bruder bevorzugte. Da wir unterschiedlichen Geschlechts sind, hatte ich keinen Grund, auf Dinge eifersüchtig zu sein, die er tun durfte und die mir verboten waren. Dennoch entsinne ich mich, daß ich als Kind und selbst als junges Mädchen darum gebetet habe ... zu wem? Zu Gott, an den zu glauben ich nicht sicher war, daß jemand mich über alles lieben würde. Denn meine Mutter liebte meinen Bruder mehr als mich, meine Nanny liebte meinen Bruder auch mehr, mein Vater liebte meine Mutter mehr, meine Großmutter liebte meine Mutter mehr. Dieses Bedürfnis nach Liebe habe ich mein ganzes Leben bewahrt. Ich wurde trotzdem zutiefst geliebt und liebte zutiefst. Sollte ich wie Simone de Beauvoir sagen, daß ich mich betrogen fühlte?

Meine undefinierbare Unzufriedenheit hinderte uns nicht, eine sehr glückliche Familie zu sein. Ich besuchte meine Privatschule in der Rue Colisée bis zum Abitur. Ich war eine gute Schülerin, doch ohne besondere Ambitionen. Ich mochte meine Klavierlehrerin nicht, ein altes Fräulein Vidal, die sehr barsch war und mir auf die Finger haute. Also wurde mir erlaubt, den Klavierunterricht aufzugeben. Ich mochte kein Latein, so wurde mir auch erlaubt, es aufzugeben. In englisch war ich sehr gut, dank meiner alten Nanny, durch die ich völlig zweisprachig bin. Ich war gut in französisch, in Geschichte, in Geographie, aber kein Fach begeisterte mich wirklich.

In der Schule hatte ich viele Freundinnen. Einige sind es mein Leben lang geblieben. Meine Freundinnen waren auch Jüdinnen. Wir besuchten uns gegenseitig und machten uns keine Gedanken darüber, daß die »anderen« uns nicht einluden.

Unsere Eltern pflegten kaum mit anderen Umgang. Mein Vater, ein bekannter Rechtsanwalt, und meine Mutter, jüdische Großbürgerin aus dem Südwesten, hielten sich für etwas Besseres als die anderen Eltern, Geschäftsleute oder Industrielle, die sie als »Boutiker« bezeichneten.

Erst 1940 werde ich begreifen, was es bedeutet, Jude zu sein. Natürlich hatte ich auch nichtjüdische Freundinnen. Ich war Ehrenjungfrau in der Kirche Saint-François-de-Salles bei der Hochzeit von Claude Gompel und Raymond Tessier, dem Sohn des Präsidenten des Staatsrats. Ich nahm es als einfache Tatsache hin, daß es unterschiedliche Religionen gibt. Während meiner ganzen Kindheit ging ich am Sonntag Nachmittag zum Kaffee zum Pfarrer der Anglikanischen Kirche in der Rue d'Aguesseau, dessen Kinder Norman und Cynthia meine und meines Bruders Freunde waren. Wir stellten ihnen keine Fragen über ihre Religion, denn wir stellten sie uns auch nicht.

Zwei Vorfälle, die mit meiner jüdischen Identität zusammenhingen, haben mich jedoch beunruhigt. Eines Tages kam mein Bruder blutend und mit zerrissener Kleidung aus der Schule. Er hatte sich geschlagen, weil ein Schüler seinen Klassenkameraden Guy de Rothschild als »dreckigen Juden« beschimpft hatte. Bobby protestierte und griff in die Schlägerei ein. Er war so zerschunden, daß ich begann, mir Gedanken zu machen.

Ein anderer Zwischenfall ereignete sich, als ich dreizehn Jahre alt war. Mein Vater wurde mit dem Kreuz der Ehrenlegion ausgezeichnet. Das war ein großes Fest. Der Champagner floß reichlich. Ich durfte natürlich am Diner teilnehmen. Am nächsten Tag ist das Band der Ehrenlegion von der Robe meines Vaters im Justizpalast abgerissen und statt dessen die Visitenkarte von Maître Cauchy, einem anderen Staatsanwalt, angeheftet. Das ist eine Provokation ohnegleichen. Meine Mutter weinte und mein Vater empfing diskret Freunde, mit denen er sich einschloß. Er schickte dem Beleidiger seine Sekundanten, von denen der eine, General Weiller, ebenfalls Jude war. Das Duell – wenn es denn stattgefunden hat – kann nur ein Scheingefecht gewesen sein, wie alle Duelle jener Zeit. Dennoch hat mein Vater auf den Rat meiner Mutter – einen sehr schlechten Rat meiner Meinung nach – erklärt, wenn man ihm das Kreuz der Ehrenlegion streitig mache, gebe er es zurück. In der Presse wird diese Geste von den einen als ehrenhaft, von den anderen als Beweis gewertet, daß ein Jude keine Auszeichnung der Ehrenlegion erhalten sollte ... Ich frage mich manchmal, was meine Mutter, die sich aus solchen Auszeichnungen wenig machte, und mein Vater, der diesen Zwischenfall bedauerte, ohne es zuzugeben, gesagt hätten, wenn man ihnen vorausgesagt hätte, daß ihre Tochter eines Tages von der Regierung als Kommandeur der Ehrenlegion ausgezeichnet würde.

Das sind meine einzigen Erinnerungen im Zusammenhang mit Antisemitismus. Ich kann nicht behaupten, daß ich davon geprägt wurde. Aber es wäre mir damals auch nicht in den Sinn gekommen, einen Nichtjuden zu heiraten.

Wir waren keine praktizierenden Juden. Wir waren der Meinung, daß alle Religionen gleichwertig sind, daß es zweifellos einen Gott gibt, und daß Christus, der so fürchterlich gefoltert worden ist, ein ungewöhnlicher Mensch war, ein sehr großer Prophet, aber wir glaubten nicht, daß er Gott war. Das Gefühl für die Traditionen ist bei uns sehr lebendig geblieben. Vor allem aus Achtung für unsere Vorfahren feierten wir regelmäßig die drei jüdischen Feste: Ostern, das Neue Jahr und Jom Kippur.

Zu einer Mischehe hatte sich mir noch keine Gelegenheit geboten, als ich mit achtzehn Jahren Robert Fabius kennenlernte, den ich bald darauf heiratete.

Mich hat lange Zeit eine andere Kindheitserinnerung beunruhigt. Sonntags besuchte mein Vater gewöhnlich seine Klienten im Gefängnis Santé. Er nahm meine Mutter und mich mit, und wir warteten brav ungefähr eine Stunde auf ihn im Auto. Dann fuhr sein Chauffeur uns zum Pavillon Royal ins Restaurant Prè Catalan oder nach Armenonville zum Tee. Eines Tages – ich war fünfzehn oder sechzehn Jahre alt – fragte ich meine Mutter, wie es möglich sei, daß Männer und Frauen Tag für Tag, jahrelang auf solch engem Raum ohne Komfort, ohne menschliche Wärme leben könnten, und daß wir unser ganzes Leben verbringen, ohne uns jemals zu fragen, was wirklich hinter diesen Mauern geschieht. Ich hatte keine Begabung für düstere Vorahnungen ...

Mit fünfzehn Jahren darf ich mit den Erwachsenen zusammen zu Abend essen. Worüber sprachen sie? Selten über Politik, obwohl mein Vater ein glühender Radikalsozialist war. Die Unterhaltungen drehten sich meist um die letzten Prozesse oder um die bevorstehenden. Ich interessiere mich wenig dafür. Einmal im Monat geben meine Eltern ein großes Abendessen. Die Geladenen sind fast immer hohe Persönlichkeiten der Justiz, wie Henri-Robert Campinchi, Moro-Giafferi, Maurice Garçon, Henri Torrès und andere. Von den Politikern erinnere ich mich an den Kolonialminister Alcide Delmont, ein früherer Rechtsanwalt und guter Freund meines Vaters. Bei diesen großen Abendgesellschaften war es üblich, daß ich die Gäste begrüße bevor sie zu Tisch gehen und dann verschwinde, zu meiner großen Erleichterung.

Mit sechzehn mache ich eine Periode der Depression durch. Ich weine für nichts und wieder nichts, will ständig bei meiner Mutter sein und ertrage es nicht, wenn sie ohne mich verreist. Der Neurologe Dr. Paul Levi wird um Rat gefragt. Er beruhigt meine besorgten Eltern. Für ihn hängen diese Störungen mit meiner körperlichen Frühreife zusammen. Er meint, eine Heirat sei die beste Medizin gegen diese leichte Störung des seelischen Gleichgewichts. Bis dahin empfiehlt er kalte Duschen und die Anwendung der Methode Coué, um mich zu überzeugen, daß es mir fabelhaft geht.

Meine Mutter und meine Großmutter führten immer ein gastfreundliches Haus, ob wir im Winter in der Rue Ponthieu oder im Sommer in Biarritz wohnten. Durch meinen Bruder lernte ich viele Jungen kennen. Ich bin seit meiner frühesten Jugend an tiefe und echte Freundschaft mit Vertretern des anderen Geschlechts gewöhnt. Aber ich flirte nicht. Ich finde mich häßlich. Vielleicht bin ich es? Zu meinem Pech sind meine Freundinnen eine schöner als die andere. Ich bin ungesellig und schüchtern. Ich kann mir nicht vorstellen, »körperliche« Zuneigung bei einem der Freunde meines Bruders zu erwecken, die uns fast jeden Abend besuchen, weil sie sicher sind, von meinen Eltern herzlich empfangen zu werden, die Jugend, Lachen und Fröhlichkeit lieben. Trübsinn hat keinen Platz in unserem Haus.

Viele der damaligen Freunde sind während des Krieges umgekommen. Drei der Besten haben Selbstmord begangen, um nicht unter der Folter zu »reden«. Die anderen sind in der Welt zerstreut, und ich habe sie aus den Augen verloren. Mein Bruder Bobby, den ich zärtlich geliebt habe, ist vor einigen Monaten gestorben. Marcel Kahn-Sriber, der mit uns aufgewachsen ist, wurde Milliardär: ein Ziel ist wie das andere. Aber was ist schon ein erfolgreiches Leben? Hat das irgendeine Bedeutung?

Mit siebzehn Jahren mache ich ohne große Schwierigkeiten mein Abitur. Mein Bruder tritt in die juristische Fakultät ein, er will dem Beispiel unseres Vaters folgen. Ich melde mich in der Schule des Louvre an, denn mich interessiert die Archäologie. Ich höre Vorlesungen bei Professor Focillon ...

Meine Eltern möchten mich so früh wie möglich verheiraten. Sie halten es für angebracht, junge Rechtsanwälte einzuladen, doch keiner gefällt mir, außer vielleicht René-Georges Weil, ein glänzender Referendar und Mitarbeiter meines Vaters. Er besucht uns in Biarritz. Ich binde ihm seine Smoking-Krawatte, wenn er abends mit meinem Bruder ausgeht. René-Georges ist schüchtern und sehr verliebt. Er gehört zu denen, die 1943 während eines Verhörs bei der Gestapo den Freitod wählten. Er war zuvor mit dem Fallschirm über Frankreich abgesprungen.

Meinen künftigen Ehemann lernte ich paradoxerweise durch meine Freundin Arlette Lévy-Darras kennen, die selbst eine katastrophale Ehe mit einem gewissen Jean Levy-Benedick hinter sich hatte, von dem sie sich schnell scheiden ließ.

Meine Begegnung mit Robert Fabius entbehrte nicht einer gewissen Komik. Als ich eines Tages mit Arlette zu der Wohnung ging, die sie gerade in der Avenue Hoche gemietet hatte, merkten wir, daß uns ein Citroën mit zwei jungen Männern folgte. Wir gingen schneller, aber sie überholten uns, hielten vorm Eingang zum Park Monceau an und stiegen aus. Arlette war zuerst beunruhigt, doch dann brach sie in Lachen aus. Unsere zwei Verfolger waren Freunde ihres Mannes, die sie nicht erkannt hatten und glaubten, eine zweifache Eroberung gemacht zu haben. Sie stellte sie mir vor, und sie begleiteten uns bis zu der Wohnung, die gerade renoviert wurde. Als ich Arlette am nächsten Tag in ihrer Junggesellenbude in der Rue Jadin abholte, wo sie bis zur Fertigstellung ihrer Wohnung mit ihrem Mann wohnt, kündigt sie mir an, daß ich gleich einen Telefonanruf bekommen werde. Tatsächlich klingelt es einige Minuten später. Ich hebe ab:

»Wer ist dort?«

»Ich bin Robert Fabius, einer der bösen Buben, denen Sie gestern begegnet sind. Ich rufe an, um Sie zu fragen, ob Sie heute Abend mit mir essen gehen wollen?«

»Aber mein Herr, ich bin noch niemals allein mit einem jungen Mann ausgegangen.«

»Nun, das ist eine gute Gelegenheit, um damit anzufangen.«

»Meine Eltern werden mir niemals erlauben ...«

Der telefonische Dialog führte nicht viel weiter. Vierundzwanzig Stunden später begleitete ich Arlette und ihren Mann zu einer Filmpremiere im Kino Lutetia. Ein Platz neben mir ist frei, und wie durch Zufall erscheint kurz nach unserem Eintreffen Robert Fabius, der sich lächelnd neben mich setzt, ganz erfreut über den Streich, den er mir gespielt hat. Nach dem Kino gehen wir alle auf ein Glas ins Colisée, dann begleiten mich alle nach Hause.

Am nächsten Tag verabredet sich Arlette mit mir zum Tee im Salon des Hotels Ambassador. Dort erwartet mich Robert. Arlette und ihr Mann kommen erst eine Stunde später ... Mein Verehrer wartet keine vierundzwanzig Stunden, um meinen Vater, wie er mir angekündigt hatte, um eine Unterredung zu bitten. Bei diesem Gespräch erklärt er ihm, daß er sich in mich verliebt habe, mich aber nicht genug kenne, um mich zu bitten, seine Frau zu werden. Deshalb bitte er meine Familie um die Erlaubnis, sich mit mir zu treffen und in unserem Hause empfangen zu werden, oder daß ich mit ihm ausgehen dürfe, wobei mein Bruder uns als Anstandsperson begleiten solle. So begann unser Idyll im September 1929 ...

Robert ruft mich jeden Tag an. Er ist ein sehr zärtlicher Verliebter. Er ist zehn Jahre älter als ich, sieht sehr gut aus und hat eine ganz besondere Art, mich zu rühren, wenn er diesen ungeheuer originellen Satz sagt: »Mein Herz macht bum bum, wenn ich Ihre Stimme höre.« Ich finde aber, daß ich zum heiraten zu jung bin. Das Beispiel der Benedicks ist nicht gerade ermutigend, und ich will meiner Gefühle vollkommen sicher sein. Meine Mutter hingegen begrüßt diese Heirat sehr, sie findet Robert bezaubernd. Mein Vater teilt diese Begeisterung nicht: er mag diese Leute nicht, die er »Boutiker« nennt, (er hat hier die Vorurteile seiner berühmten Schwiegereltern übernommen). Robert ist der Sohn eines Antiquitätenhändlers, und obwohl sehr intelligent, ist er kein richtiger Intellektueller. Er will seinen Berufsweg wie seine Familie im Antiquitätenhandel machen. Mein Bruder ist unentschlossen, denn der Bewerber steht in dem Ruf, ein Schürzenjäger, Spieler und Trinker zu sein.

Im November fragt Robert, wie ich mich entschieden habe. Ich habe noch nichts entschieden. Er erklärt mir, die Spannung sei zu groß für ihn und er fahre einen Monat nach Nordafrika. Seine Abwesenheit macht mir klar, wie sehr er mir fehlt, und ich schreibe ihm, daß er zurückkommen solle. Wir verbringen das Weihnachtsfest in Biarritz, damit ich ihn vor der offiziellen Verlobung meiner ganzen Familie mütterlicherseits vorstellen kann, die in der Region von Bayonne wohnt. Die Verlobung wird am 5. Januar 1930 mit einem großen Empfang in der Rue de Ponthieu gefeiert.

Die standesamtliche Trauung findet am 17. Februar in dem Bürgermeisteramt des 8. Arrondissements statt. Meine Trauzeugen sind der Präsident der Anwaltskammer und der Kolonialminister Alcide Delmont. Am übernächsten Tag werden wir in der großen Synagoge in der Rue de la Victoire »für gute und schlechte Tage« vereinigt. Meine religiöse Trauung ist mir als Ereignis von großem Zauber, von einer Rührung und einem Gefühl wahrer Erfüllung in Erinnerung.

Ich betrat die Synagoge am Arm meines Vaters, der in seinem untadeligen Cut wunderbar aussah. Ich trug ein Kleid von Lanvin mit einem silbernen Käppchen, wie es damals modern war. An diesem Käppchen war eine zehn Meter lange Schleppe befestigt, die mit einem ebenso langen Schleier aus englischer Spitze bedeckt war. Dieser Schleier wurde seit Generationen in der Familie meiner Mutter vererbt. Leider verschwand er mit all meinen persönlichen Sachen, als der Kommandeur der deutschen Kriegsmarine, der unsere Pariser Wohnung beschlagnahmt hatte, nach der deutschen Niederlage mit seiner Frau auszog. Diesen zehn Meter langen Schleier trug ein zauberhaftes Pärchen, Roland und Monique Meyer, fünf und sieben Jahre alt, die Kinder von Roberts Cousin, der in Auschwitz umkam.

Robert schritt hinter mir am Arm seiner Mutter in einem sehr eleganten grauen Anzug. Darauf folgten meine Mutter in einem entzückenden Kleid aus schwarzer Spitze aus dem Modehaus Germaine Lecomte am Arm meines Schwiegervaters und schließlich zehn Paare von Ehrenjungfrauen und jungen Männern.

Der Krieg hat die Männer, die an diesem Fest teilnahmen, nicht verschont. Acht fanden den Tod an der Front oder unter den Schlägen der Gestapo. Zwei leben noch, darunter mein kleiner Page, den ich aus den Augen verloren habe, er ist der Onkel der Schauspielerin Isabelle Huppert.

Die Zeremonie war wundervoll. Wir traten unter den Klängen der Orgel und dem Gesang des Synagogenchors ein, der den Hochzeitsmarsch von Mendelssohn intonierte. Der Chor bestand aus dreizehnjährigen Jungen. Die wunderbare jüdische religiöse Musik erfüllte meine Seele mit Freude. Der Großrabbiner von Frankreich, Julien Weill, erwartete uns im Schiff der Synagoge. Er hielt eine sehr schöne Rede, dann tauschten wir die Ringe. Dem Ritus entsprechend, reichte man Robert ein Kristallglas mit gesegnetem Wein. Er trank einen Teil und reichte mir den Rest. Dann ging er mit dem leeren Glas hinter einen Vorhang, um niemand zu verletzen, und warf es auf die Fliesen. Einem alten Glauben nach sollte die Zahl der Scherben die Zahl unserer vor uns liegenden glücklichen Lebensjahre angeben.

Das ist fünfundfünfzig Jahre her.

Die Erinnerungen sind sehr lebendig. Viele Stunden waren von großem Glück erfüllt. Andere waren sehr schmerzhaft: Der Tod meiner Mutter, der Krieg, der Holocaust der Juden, dem mein Vater zum Opfer fiel, der Tod meines Bruders, der immer mein bester Freund war, und das Hinscheiden so vieler teurer Menschen.... Aber an diesem Tag meiner Hochzeit stand die Zukunft voller Versprechen auf Glück und Freude vor mir.

Nach der religiösen Zeremonie in der Synagoge fuhren wir zu einem großartigen Empfang in die Salons des Hotels Georges V., wo unsere Gäste unter den Klängen des Orchesters von Ray Ventura, das damals gerade sehr bekannt wurde, bis drei Uhr morgens tanzten. Robert und ich machten uns um neun Uhr abends davon, um ein bißchen allein zu sein und ein wunderbares Abendessen im Hotel Prince de Galles einzunehmen. Mein Vater hatte dort ein Appartement für zwei Tage reserviert, bis unsere Papiere fertig waren und wir zu unserer Hochzeitsreise nach Spanien aufbrechen konnten.

Meine Hochzeitsnacht war für mich eine große Überraschung. Ich war noch ein unerfahrenes junges Mädchen, und ich glaube, daß mein Mann, der älter war als ich, bisher nur – im biblischen Sinne – leichte und schon erfahrene Mädchen kennengelernt hatte. Meine Unschuld hat meinen verführerischen Gefährten sicher eingeschüchtert.

Am nächsten Tag fuhren wir im Auto – ein Geschenk meines Schwiegervaters – nach Spanien ab. Robert wollte nicht nach Italien fahren, weil er den Faschismus Mussolinis verurteilte. Obwohl ich enttäuscht war, Rom, Florenz und Venedig nicht kennenzulernen, gefiel mir doch die wunderschöne Reise, die wir unternahmen: Madrid, Toledo, Sevilla, die Küste entlang nach Barcelona, dann die französische Küste bis Cannes, Nizza, Monte Carlo. Wir blieben acht Tage in Juan-les-Pins, dann fuhren wir über die Schweiz zurück, wo meine Schwiegermutter sich in der Nähe von Montreux von einer Lungenentzündung erholte.

Als wir Anfang April wieder nach Paris zurückkamen, fuhren wir gleich wieder los, um meine Eltern zum Osterfest in Biarritz zu besuchen. Dort ist auch unsere Tochter Marie-Claude gezeugt worden. Sie wird im Dezember in Paris geboren, in unserer wunderschönen Wohnung der Jungvermählten in der Rue Meyerbeer, deren sechzehn Fenster auf den Opernplatz hinausgehen.

Wir richten unseren Haushalt schnell und gut ein. Meine Mutter überläßt mir ihr Zimmermädchen, ich engagiere eine Köchin und ein englisches Kindermädchen, Miss Wilson, für Marie-Claude.

Robert ist ein Schürzenjäger, aber ich glaube, er betrügt mich nicht. Robert trinkt, aber er betrinkt sich nicht. Robert ist ein Spieler ... und verliert viel Geld beim Poker. Das Leben, das ich mit ihm führe, überrascht mich und gefällt mir nur zur Hälfte. Ich lerne alle Kabaretts kennen, die gerade in Mode sind, darunter das berühmte »Boeuf sur le Toit«. Leider muß ich auch Roberts »Kumpel« ertragen, die nicht nach meinem Geschmack sind, die er mir aber aufzwingt, denn er ist sehr treu in seinen Freundschaften. Es sind meist Söhne reicher Familien, die nicht durch ihren Arbeitseifer glänzen. Anfang des Jahrhunderts geboren, waren sie also zu jung, um in den Krieg zu ziehen. Sie gehörten zu den seltenen Vertretern des starken Geschlechts unter vierzig Jahren, als in Paris ein großer Teil der männlichen Bevölkerung abwesend war. Deshalb wurden sie von vielen Frauen verwöhnt, die sich ohne Gefährten langweilten. Nicht alle gehörten zu der besten Gesellschaft. Nach dem Waffenstillstand profitierten sie weiter von dem Mangel an Männern, die im besten Alter getötet oder verwundet worden waren. Die leichten Erfolge, die sie in jungen Jahren hatten, machten sie zu zynischen Lebemännern ohne Ideale. Frauen gegenüber benahmen sie sich wenig respektvoll, welchen Kreisen sie auch angehörten, und sie erlaubten sich in ihrer Gegenwart Scherze von höchst zweifelhaftem Geschmack. Als ich einmal so unvorsichtig war, einige dieser Kumpel in die Villa meiner Eltern in Biarritz einzuladen, kamen sie mit Vermessungsgeräten angereist. Auf meine Verwunderung erklärten sie, als sei es das natürlichste von der Welt, sie müßten mein Besitztum ausmessen, für den Fall, daß ich vielleicht gezwungen wäre, es zu verkaufen. Ich sah darüber hinweg. Ich sah auch noch darüber hinweg, als sie der Köchin oder dem Zimmermädchen ein Stelldichein vorschlugen. Aber ich entschied mich, ihnen ein für allemal die Tür zu weisen, als sie kurz nach meiner Entbindung der Hebamme, die ich für vierzehn Tage engagiert hatte, einredeten, mein Mann hätte versucht, sie während ihres Schlafes im Zimmer meines Babies zu vergewaltigen. Die Betreffende floh in der Nacht – aus Angst oder Ärger? – und ließ mich mit dem Baby allein.

Trotz dieser Unannehmlichkeiten waren die ersten Jahre meiner Ehe glücklich. Robert kümmerte sich mit seinem Vater und seinem Bruder um das Antiquitätengeschäft, während ich mich der Einrichtung unserer Wohnung widmete, die viel zu groß für uns war. Doch bald werden die Folgen der großen Wirtschaftskrise spürbar. Antiquitäten verkaufen sich nicht mehr so gut wie früher. Robert ist immer noch sehr zärtlich zu mir, aber ich merke, daß er ziemlich leicht lügt. Außerdem ist er schrecklich verschwenderisch, was ich bedaure, ohne mir genügend klar zu machen, daß er sich vor allem bemüht, mir das materielle Leben so angenehm und komfortabel wie möglich zu machen. Bisher kannte ich ein Leben ohne finanzielle Probleme, jetzt begreife ich langsam, daß Geld plötzlich weniger leicht zu verdienen ist. Meine Eltern scheinen auch Sorgen zu haben, die sie nicht mit uns teilen wollen. Ist die Welt denn anders, als ich sie mir vorgestellt habe?

Vielleicht war es schade für mich, daß ich mein Kind schon so früh bekommen habe? Ich habe nicht das Leben eines jungen Mädchens genossen. Ich habe noch nicht einmal mein Studium beendet und habe nur wenige Bälle besucht, die zu meiner Zeit den Mädchen unter achtzehn Jahren verboten waren. Mein Leben als junge Ehefrau ist dagegen voller Charme. Ich werde sehr umsorgt, sehr umschmeichelt, und meine kleine Tochter macht mir viel Freude. Ich sah ein langes Leben ohne Probleme vor mir, sehr bürgerlich, mit drei oder vier Kindern, wie das aller Frauen, die ich in meiner Umgebung kannte.

Als sich die Krise verschärfte, gaben wir Anfang 1934 unsere Wohnung in der Rue Meyerbeer, das luxuriöse Treiben von Paris, die Abendgesellschaften und das mondäne Leben für ein Jahr des Nachdenkens auf und übersiedelten mit dem Kindermädchen und einer Hausangestellten in das Haus meiner Eltern nach Biarritz. Robert ist zärtlich und fröhlich, Marie-Claude ist ein liebenswertes, entzückendes kleines Mädchen. Dieses Exil stimmt mich keineswegs traurig, es verschafft mir ein gewisses ruhiges Leben, das ich bisher nicht kannte. Wir wohnen in einer schönen Villa, die wir lieben, ohne Miete zu zahlen, und die Lebensmittel sind viel billiger als in Paris. Wir unternehmen lange Ausflüge in das baskische Land und fahren oft nach Spanien, denn wir lieben die Stierkämpfe. Diese Begeisterung führt uns nach San Sebastian, Bilbao, Santander und selbst nach Saragossa und Pampelune. Manchmal fahren wir an der Bidassoa entlang, der natürlichen Grenze zwischen Frankreich und Spanien, die auf französischer Seite in einem kleinen Dorf namens Biriatou endet. Dort liegt ein kleines Vorgebirge, das über den Fluß ragt. Es gibt einen Souvenirladen, einen Platz, wo die Dorfjungen baskisches Pelote spielen, eine Kirche mit ihrem Friedhof und ein Hotel, dessen Terrasse auf den Fluß hinausgeht. Zwei Jahre später, wenn der spanische Bürgerkrieg tobt, werden die Franzosen, die sich an der Küste aufhalten, von dieser Terrasse aus sensationsgierig mit Ferngläsern und Kameras das Auf und Ab des Bruderkrieges beobachten. Die Unruhen haben auf der anderen Seite übrigens schon begonnen. Das Königtum wurde 1931 gestürzt und Alphons XIII. mußte seinen Platz an de Madariaga abtreten. Als wir eines Tages in Pampelune die Kathedrale besichtigten, wurde unser Auto gestohlen. Wir gingen zum Kommissariat, um den Diebstahl anzuzeigen. Doch die Polizisten verstanden nicht französisch und wollten uns schon in eine Zelle einsperren. Zum Glück trafen wir auf dem Kommissariat einen Spanier, den wir aus Biarritz kannten und der den französischen Konsul anrief, damit wir unsere Freiheit wiedererlangten und auch unser Auto. Künftig verzichteten wir darauf, die spanische Grenze zu überschreiten.

Dieses Leben des Nichtstuns konnte nicht ewig dauern. Auf die Freude folgte die Eintönigkeit, darauf die Langeweile.

Vor allem für mich. Robert verbringt einen Teil seiner Zeit damit, in der Gegend Antiquitäten aufzuspüren, die er in die Geschäfte seiner Familie nach Paris schickt. Ich habe nicht solche Abwechslung, und die Aussicht, meinen Mann auf seiner Schatzsuche zu begleiten, lockt mich nicht immer. Ich kann auch nicht zu lange von meinem Kind fortbleiben. Paris fehlt mir schrecklich.

Ich fahre also mit der festen Absicht zurück, eine neue Wohnung ausfindig zu machen, weniger groß und weniger teuer. Das Glück ist mir hold. Der Vater meiner Freundin Madeleine de Tinan verwaltet ein wunderschönes, gerade fertiggestelltes Haus in der Rue Montaigne, das auf der Stelle der ehemaligen Pferdeställe des

Prinzen de Broglie errichtet wurde. Gaston de Tinan, der Freunden seiner Tochter nichts abschlagen kann, akzeptiert Robert und mich als Mieter für einen sehr annehmbaren Preis. Das war 1936. Ich wohne 1985 noch immer in derselben Wohnung.

Mein Mann besaß zusammen mit seinem Vater eine sehr schöne Antiquitätengalerie an der Stelle, wo sich heute das neue Gebäude der Medizinischen Fakultät befindet. Er entschließt sich, ein neues Geschäft in der Rue Miromesnil aufzumachen und bittet mich, ihm dabei zu helfen. Trotz seiner Fehler ist Robert wirklich ein Kenner und als Experte für Möbel des 17. und 18. Jahrhunderts sehr geschätzt. Er übte seinen Beruf mit wahrer Leidenschaft aus und mußte nicht viel Mühe aufwenden, um mich dafür zu interessieren. Ich habe übrigens nicht erst durch ihn meine Liebe zu Kunstwerken entdeckt: zu Möbeln, Skulpturen, Gemälden, allen Kunstgegenständen. Ich bin seit frühester Kindheit für die schönen Dinge des Lebens empfänglich. Das Besitztum meiner Großeltern mütterlicherseits war ein wahres Museum. Unser Haus in Biarritz und unsere Wohnung in der Rue de Ponthieu waren ebenfalls sehr schön eingerichtet. Für mich haben Schönheit, Eleganz und Luxus absoluten Vorrang. Vom kommerziellen Aspekt der Dinge, die ich bewundere, verstehe ich nichts. Wenn Robert nachmittags im Versteigerungshaus Hôtel Drouot ist und ich das neue Geschäft in der Rue de Miromesnil hüte – meine erste Arbeit – fühle ich mich überhaupt nicht als »Geschäftsfrau«. Der Einfluß meines Vaters wirkte nach. Die Beziehungen zu den Kunden sind eher gesellschaftlicher als geschäftlicher Art. Ich sehe in den Leuten, die unsere Galerie besuchen, eher Kunstfreunde als potentielle Käufer, denen man etwas zu verkaufen versuchen muß. Übrigens haben wir im Untergeschoß unserer Galerie eine kleine elegante Bar eingerichtet, wo wir zur Stunde des Aperitifs zahlreiche Freunde empfangen.

1936. Die politischen Ereignisse lassen mich eher gleichgültig. Aber ich mag die Demonstrationen nicht, die erhobene Faust, nicht die Massenversammlungen, die immer die Gefahr in sich bergen, in Krawalle umzuschlagen, wie im Februar 1934. Andererseits wünsche ich glühend, daß die Franzosen die spanischen Antifaschisten unterstützen würden. Ich begrüße die Vierzig-Stunden-Woche, den bezahlten Urlaub, die Nationalisierung der Eisenbahn und der Fabriken, die für die nationale Verteidigung arbeiten. Dennoch bedeutet mir die Volksfront nicht viel, nicht mehr als der Rücktritt des Kabinetts Blum, das einer gemäßigteren Regierung Platz macht. Ich wünsche, daß die Lebensbedingungen der weniger Gutgestellten verbessert werden. Aber im Grunde meines Herzens bin ich mehr rechts als links. Das sind Gefühle, die nur schwer in Übereinstimmung zu bringen sind ...

Ich habe andere, dringendere Sorgen. Robert betrügt mich. Wenn er mir auch versichert, daß es nur vorübergehende Affären sind, bin ich trotzdem traurig darüber. Von meiner Erziehung her fehlt mir das Verständnis dafür, daß er vielleicht einen Grund hat, sich so zu verhalten, denn für mich ist die Sexualität von zweitrangiger Bedeutung. Ich finde es nicht schlimm, daß unsere körperlichen Beziehungen überhaupt nicht mit unseren gefühlsmäßigen übereinstimmen.

Im Oktober 1937 stirbt meine Mutter im Alter von fünfundfünfzig Jahren. Ich bin fünfundzwanzig. Während ihrer Agonie bin ich allein mit ihr in der Villa in Biarritz. Robert kommt mir zur Hilfe, aber die letzten Tage sind furchtbar. Sie stirbt an Gelbsucht, wie man damals zurückhaltend sagte, was aber schlicht Leberkrebs war. Ihr Tod ist für mich auch die erste Entdeckung des Schmerzes. Die Rückkehr nach Paris ohne sie ist grausam. Mein Bruder ist entsetzlich unglücklich. Er fühlt sich schuldig, denn er ist drei Monate zuvor gegen den Willen meiner Mutter eine Liebesheirat mit der Tochter des Dirigenten Gaston Poulet eingegangen. Das könnte dazu beigetragen haben, die Krankheit meiner Mutter zu verschlimmern, für die er das Lieblingskind geblieben war.

Nach dem Tod meiner Mutter bin ich plötzlich »Familienoberhaupt«, denn ich stehe im Mittelpunkt des Lebens von drei Männern: Meines Vaters, meines Mannes und meines Bruders. Außerdem bin ich noch für meine kleine Tochter verantwortlich. Mein Vater hat Liebschaften, aber er fragt nur mich um Rat. Mein Bruder verübelt seiner Frau unbewußt, daß sie ihn seiner Mutter entfremdet hat und fragt mich auch um Rat. Mein Mann arbeitet, aber der Beruf des Antiquitätenhändlers läßt ihm viel freie Zeit. Er spielt und geht oft ohne mich aus. Und doch liebt er mich mit einer echten und tiefen Liebe, die ich während unseres gemeinsamen Lebens nie verstanden habe.

Meine Mutter war zärtlich und sanft. Sie war leidenschaftlich verliebt in einen Mann, der sie ständig betrog, aber mit Diskretion. Ich habe mich nur ihr anvertraut. Ihre Meinung, ihre Vorschläge waren für mich ein Schutz. Von »meinen Männern« fühle ich mich ganz und gar nicht beschützt. Im Gegenteil, ich fühle mich für sie verantwortlich. Der Winter nach dem Tod meiner Mutter ist besonders schwierig, trotz der Zärtlichkeit meines Vaters und der Gegenwart meiner kleinen Tochter.

1938, als ich zu oft allein bin, wegen eines Pokerspiels verlassen oder weil mein Mann allein ausgeht, springe ich über meinen Schatten. Ich habe keine Lust, meinen Mann zu betrügen, aber ich kann mich nicht damit abfinden, meine Zeit damit zu verbringen, ihm beim Kartenspiel zuzusehen. Zu seinem Pech bin ich durch sein eigenes Zutun von vielen Männern umgeben. Einer scheint sich wirklich für mich zu interessieren. Er sieht sehr gut aus. Er hat vor allem viel Charme, der auf alle Frauen Eindruck macht, selbst auf die strengsten, auch wenn er nur Süßholz raspelt. Wenn Robert Poker spielt, begleitet er mich ins Kino oder ins Theater. Während des Osterfestes 1938 sind viele Freunde in unserem Haus in Biarritz zu Besuch. Als ich eines Tages sehr böse auf Robert bin, weil er mich wegen eines Rugbyspiels allein gelassen hat - einen Sport, den ich hasse - da geschieht das, was ich bisher aus tiefstem Herzen abgelehnt habe. Mein Verehrer kommt unter einem fadenscheinigen Grund zurück. Wenig später sind wir ein Liebespaar. Diesem Treffen folgen viele andere. Ich lasse mich zu leicht unterwerfen, ich bin zum ersten Mal in meinem Leben leidenschaftlich verliebt. Ich bin überzeugt - oder zwinge mich unbewußt zu der Überzeugung -, daß ich ihm alles bedeute und will mir nicht eingestehen, daß er dieser Liebe nicht würdig ist. Sein Äußeres - für Schönheit bin ich sehr empfänglich - läßt mich über seine Mängel hinwegsehen. Warum soll ich nicht zugeben, daß ich durch ihn auch Seiten meiner Persönlichkeit entdecke, die mir bisher verborgen waren. Außerdem lacht er gern und bringt auch mich zum Lachen, was für mich auch sehr wichtig ist. Aber er ist genau das Gegenteil einer Stütze. Er ist noch weniger eine Stütze als Robert, über den ich mich schon aus vielen Gründen beklagen muß, der aber trotz seines Fehlverhaltens mir gegenüber ein Mann von Mut und Charakter ist.

Dieses Liebesabenteuer macht mich im Grunde keineswegs glücklich. Ich werde sehr schlecht damit fertig. Ist die Tatsache, daß ich zwei Männer gleichzeitig liebe, nicht der Beweis eines mangelnden Gleichgewichts? Ich bin nicht mehr sicher, mich zu kennen. Ich stelle mir Fragen über meine wahre Natur. Kurz, ich bin reif für eine Psychoanalyse. Ich zögere nicht und klopfe an die Tür von Dr. Demetrian, einem rumänischen Psychoanalytiker, der damals sehr berühmt war in Paris. Doch diese Analysen und Bekenntnisse enttäuschten mich und enthüllten mir nichts über mich selbst.

Bald glitten unsere Gespräche auch ab. Wir unterhielten uns mehr über den nahenden Krieg als über meine Probleme. Die Tatsache, daß Demetrian zur Armee eines Landes eingezogen werden konnte, das auf Seiten der faschistischen Achse stand, schockierte mich als patriotische, überzeugte antideutsche Französin.

Das Abkommen von München, das weit entfernt ist, eine Entspannung zu bewirken, obwohl viele Leute das glaubten, erregte meine Empörung. Einige Monate darauf gab mein Analytiker seine Behandlungen auf und trat in sein Regiment in den Karpaten ein. Ich bin sicher nicht geheilt, aber für mich wird ein anderes Leben beginnen.

2. Kapitel

2. September 1939. Allgemeine Mobilmachung. Wir sind alle in Biarritz: mein Vater, Robert, Marie-Claude, Margaret Hooper, ein junges englisches Au-pair-Mädchen, das seit zwei Jahren bei uns ist, und ich. Robert ist Stabsoffizier. Er erhält seinen Einberufungsbefehl zum Pariser Bahnhof gare de l'est, von wo aus es nach Saint-Nicolas-de-Port in Lothringen weitergeht. Wir brechen sofort mit dem Auto nach Paris auf und legen die Strecke in einem Tag zurück. Am nächsten Morgen um acht Uhr begleitet unsere ganze Familie Robert zum Zug, der ihn zu seinem Einsatzort bringt. Komischer Einsatz, denn monatelang geschieht nichts. Ich erhalte regelmäßig Nachricht. Robert hat eine Gruppe sympathischer Freunde um sich geschart. Sie spielen Bridge und Belote, während sie mit einem Auge auf der gegenüberliegenden Seite der Mosel die Deutschen beobachten, die ebenso tatenlos sind wie die Franzosen und sie ebenso im Auge behalten.

Das Leben in Paris ist langweilig, jedenfalls für diejenigen, die sich in dieser Zeit nicht amüsieren wollen. Mein Bruder war nicht diensttauglich und bewarb sich als Dolmetscher.

Eine Bekannte, Suzanne Crémieux, leitet eine Dienststelle im Gesundheitsministerium Rue de Berri. Sie merkt, wie mißmutig ich bin und ist so nett, eine Stelle für mich einzurichten.

Ich will mich nützlich machen und mich in ihrer Dienststelle um die Evakuierung der Flüchtlinge aus den Grenzstädten des Nordens und Ostens kümmern.

Eines schönen Tage kommt Robert zurück – er ist immerhin schon vierzig Jahre alt. Er ist zur Dienststelle Marbeuf beordert, wo er mit vier oder fünf Kameraden für die Einkleidung der Truppen verantwortlich ist. Unser Geschäft in der Rue de Miromesnil haben wir geschlossen. Mein Schwiegervater arbeitet weiter, aber es gibt sehr wenig zu tun. Mein Vater hingegen hat noch bei zahlreichen Prozessen die Verteidigung zu führen. Wir essen oft zusammen zu Abend in unserer Wohnung Avenue Montaigne oder in seiner, Rue de Ponthieu. Die Tage vergehen.

Wann werden die richtigen Kriegshandlungen beginnen?

Unser Notar in Bayonne hatte uns Anfang Mai geschrieben, daß er unsere Unterschrift für ein Dokument benötige. Ich fahre deshalb mit meinem Vater mit dem Nachtzug nach Biarritz. Kaum sind wir in unserer Villa angekommen und ich bin gerade dabei, meine Sachen auszupacken, da meldet der Rundfunk, daß die Deutschen in Holland und Belgien eingefallen sind und auf Frankreich marschieren. Niedergeschlagen schließen wir unsere Koffer, rufen den Notar in Bayonne an, daß wir nicht wie vorgesehen zur Unterschrift kommen. Wir verschieben das Treffen auf bessere Tage und fahren mit dem nächsten Zug nach Paris zurück, wo Robert und Bobby uns am Bahnhof erwarten. Großer Familienrat. Wir beschließen, die Kinder in Biarritz in Sicherheit zu bringen. Doch ich bin kaum zu Hause, da erhalte ich einen Anruf von dem motorisierten Sanitätsdienst (S. S. A.). Ich soll am nächsten Morgen um sieben Uhr zwanzig Krankenwagen zur Evakuierung der Stadt Rethel begleiten. Das ist mein erster Auftrag für den S. S. A. Ich bin zuvor noch nie aus dem Ministerium herausgekommen. Ich glaube, man hat mich diesmal nur als Vertretung eingesetzt.

Der S. S. A. wurde von Jeanne Reynaud, der Gattin des Premierministers Reynaud, und von Edna Nicole gegründet. Ihre guten Beziehungen zur Regierung erleichterten natürlich den Erfolg dieser Initiative. Sie richteten einen Appell an die Großzügigkeit und Hilfsbereitschaft der Frauen der »besseren Kreise«, von denen sehr viele positiv reagierten. Die reichlich eingehenden Geldspenden ermöglichten den Ankauf der ersten Krankenwagen, nachdem Paul Reynaud sich an die Autowerke Renault gewandt hatte. Ein Komitee wurde gegründet. Es steht unter Leitung von Comtesse Roussy de Salle, Jeanne Reynaud, Suzanne Crémieux, einer Beraterin des früheren Premierministers Heriot, und Edna Nicole, einer erfahrenen Geschäftsfrau. Sie erhalten sehr schnell »ihre« Krankenwagen. Prinzessin Joseph de Broglie, Comtesse de Tocqueville, die Baronin Claude de Peyrhimoff, Comtesse Anne de la Rochefoucauld, Colette Schwob de Lure und Hélène Terré schließen sich ihnen an und bilden den Stab der S. S. A. Sie geben sich fiktive Ränge, die niemals den militärischen gleichgestellt werden, die ihnen aber bei den notwendigen Kontakten bei ihrer Mission nützlich sind.

Ich nehme zum ersten Mal an einem Einsatz teil. Ich soll kurzfristig Suzanne Crémieux vertreten. Ich bin mir über meine Reaktionen nicht im klaren, vor allem wenn ich die Instruktionen höre, die man den Ambulanzfahrern mit auf den Weg gibt: Im Falle eines Luftangriffs soll der Leiter des Konvois – in diesem Falle bin ich das – ein Pfeifsignal geben, damit alle aussteigen und unter den Krankenwagen in Deckung gehen. Ich führe den Konvoi mit meinem Simca an. Wie schon befürchtet, werden wir von einem Luftangriff über Compiègne gestoppt. Ich steige also aus, gebe das verabredete Signal und alle Fahrerinnen der Krankenwagen werfen sich vorschriftsmäßig unter ihre Wagen. Ich selbst lehne mich an mein Auto und betrachte das Ballett der Flugzeuge bis zum Schluß, ohne an Befehle oder Gefahr zu denken – eine echte Gefahr, denn eine unserer Ambulanzen wird getroffen. An diesem Tag entdecke ich zum ersten Mal in meinem Leben, daß ich mir in großer Gefahr vielleicht nicht der Situation bewußt bin, daß ich aber keine Angst empfinde.

Nach meiner Rückkehr erfahre ich, daß Roberts Regiment nach Clermond-Ferrand verlegt worden ist. Ich arbeite weiter für die Evakuierung der Flüchtlinge. Ich habe jeden Abend auf den Bahnhöfen Dienst, um die zu Hunderten mit den Zügen eintreffenden Flüchtlinge sofort nach Mittel- und Südfrankreich weiterzuleiten, wo provisorische Unterkünfte für sie geschaffen wurden. Eine Erinnerung ist mir an diese erschütternden Abende geblieben: an Raymond Rouleau. Er machte dieselbe aufreibende Arbeit wie ich, aber für die Züge, die aus seinem Heimatland Belgien eintrafen. Zwischen zwei Transporten holt er mich ab und wir trinken am Bahnhofsbuffet einen Kaffee.

Nach zwei Wochen dieses verrückten Lebens erklärt mir Edna Nicole, die Leiterin der S. S. A.: »Ich will sie in den nächsten drei Tagen hier nicht mehr sehen. Sie haben seit zwei Wochen nicht genug Schlaf, das ist nicht mehr vernünftig«. Das ist wahr. Ich nehme also meine drei freien Tage. Zuerst setze ich Margaret Hooper, das englische junge Mädchen, das sich um Marie-Claude kümmert, und meine alte Nanny, die uns seit 32 Jahren nicht verlassen wollte, in einen Zug nach London. Die Reise über das Meer dauerte mehrere Tage und war so furchtbar, daß Nanny einige Tage nach ihrer Ankunft in London starb.

Als nächstes beschließe ich, mit meiner Freundin Odette Netter, deren Mann mit Robert eingezogen ist, sofort nach Biarritz zu fahren, um Marie-Claude und die zwei Kinder der Netters, Jean-Pierre und Danielle, sowie ihre Schweizer Kinderfrau, die also neutral ist und sich um die Kinder kümmern wird, in Sicherheit zu bringen. Odette sitzt am Lenkrad, während ich versuche, etwas Schlaf nachzuholen. Wir kommen im Morgengrauen an und bringen das Haus in Ordnung. Ich stelle ein spanisches Dienstmädchen ein, und am nächsten Morgen um vier Uhr fahren wir beruhigt zurück, denn ich muß um 14 Uhr wieder meinen Dienst im Ministerium antreten.

Diese großen Anspannungen dauern noch einen Monat. Die Deutschen sind nicht mehr weit von Paris entfernt. Ich erhalte den Auftrag, das Geld des Roten Kreuzes mit meinem Simca nach Bordeaux zu bringen. Am Abend des 8. Juni fahre ich zusammen mit Ginette Boyessen los, einer Freundin aus Biarritz, die später in Ravensbrück umkommt. Wir wählen die Straße über Orléans statt über Vendôme, weil wir noch einen Freund im Lager von Salbrise besuchen wollen. Die Straßen sind jedoch so verstopft, daß wir nicht bis zum Lager durchkommen. Wir übernachten in einem Hotel in Orléans. Um drei Uhr morgens wird die Stadt von einem Bombengeschwader angegriffen. In unserem Hotel kommen zwanzig Menschen ums Leben. Wir fahren nach dem Angriff sofort weiter. Ich möchte nicht beschuldigt werden, ich sei mit der Million des Roten Kreuzes verschwunden.

Den Rest des Weges legen wir ohne Schwierigkeiten zurück und ich kann meine Aufgabe erfüllen. Ich überlasse Ginette Boyessen mein Auto bis Biarritz und fahre mit dem Zug nach Paris zurück.

Doch schon bald werde ich mit mehreren Krankenwagen in verschiedene Gefangenenlager geschickt: Nach Chateaubriant, Saint-Lô, Amiens, Bordeaux, wo schwarzafrikanische Kriegsgefangene sind, denen wir Pakete bringen. Wir erfüllen diese Aufträge immer zu zweit und finden jedesmal eine Möglichkeit, heimlich die Post der Gefangenen für ihre Familien mitzunehmen. Wir haben zu diesem Zweck unter unseren Sitzen, die mit ziemlich dickem Leder bezogen sind, Verstecke angelegt.

Während einer dieser Einsätze in Begleitung von Paulette Poniatowski begegne ich auch Ruth Dubonnet, der Ehefrau von André Dubonnet, dem Produzenten des berühmten Aperitifs. Sie besucht die Gefangenenlager mit einem Krankenwagen, den sie selbst dem Roten Kreuz gestiftet hat. Als ich sie das erste Mal traf, hatte sie auf dunkler Straße eine Panne. Sie transportierte in ihrem Krankenwagen ein ganzes Orchester, dessen Auftritt sie auch selbst finanzierte. Sie hatte es dem Chef eines Lagers versprochen (die Lagerchefs waren Franzosen), der für die vielen Musikliebhaber ein Konzert veranstalten wollte.

In dieser Zeit traf ich auch öfter Georges Scapini, den französischen Botschafter beim Deutschen Reich, der für die Gefangenen zuständig war. Scapini war ein Freund und Kollege meines Vaters, ich kannte ihn schon seit meiner Kindheit. Er war im Ersten Weltkrieg 1914–18 erblindet, und die Deutschen brachten ihm eine gewisse Achtung entgegen. Er glaubte, das könne ihm helfen, die Lage der Gefangenen zu verbessern. Ich berichtete ihm regelmäßig über meine Missionen in den Lagern und versuchte, einige Ausnahmegenehmigungen für »meine« Gefangenen zu erreichen. Wir führten jedesmal ganz merkwürdige Gespräche. Ich bemühte mich, ihn davon zu überzeugen, daß seine »Freunde« den Krieg nicht gewinnen könnten, denn sobald die Amerikaner in den Krieg eingreifen würden, wäre alles entschieden. Er meinte, die Amerikaner seien noch nicht bereit einzugreifen, und wenn sie sich dazu entschließen sollten, würden sie es zu spät tun. Trotz unserer Meinungsverschiedenheiten erzählte er mir im voraus, welche Reden er während seiner Rundreisen in den Lagern halten wolle. Ich war sehr skeptisch und erklärte ihm jedesmal, daß die Gefangenen sich nicht täuschen lassen würden, womit ich auch Recht hatte. Er zeigte niemals die geringste Ungeduld oder die leiseste Verärgerung.

Ich schulde es dem Andenken Georges Scapinis zu erwähnen, daß er mir – obwohl er wußte, daß ich Jüdin bin und er vom Sieg des Dritten Reiches überzeugt war – einen fiktiven Verkauf meines schönen Besitzes in Bayonne vorschlug und sich verpflichtete, ihn mir nach Kriegsende zurückzuerstatten. Ich dankte ihm für diesen wirklich sehr großzügigen Vorschlag, erklärte ihm aber, daß ich bessere Aussichten hätte, meinen Besitz zurückzuerhalten, wenn er von den Deutschen beschlagnahmt werden würde, als wenn ich ihn an einen Pro-Nazi verkaufte. Er beharrte nicht und bedauerte es meinetwegen. Ich habe übrigens 1945 all meine Immobilien zurückerhalten. Als Georges Scapini nach dem Krieg Aufenthaltsverbot für Frankreich erhielt, schrieb ich an seine Richter, um ihnen diese Geschichte mitzuteilen, die zu seinen Gunsten sprach.

Dieses Leben dauerte solange, bis alle französischen Kriegsgefangenen nach Deutschland abtransportiert wurden.

Ich fuhr ins Baskenland, um meine Tochter wiederzusehen und mit der S. S. A. und dem Roten Kreuz die Ankunft der Sanitätszüge vorzubereiten, denn alle Verwundeten wurden so weit wie möglich aus den strategischen Zonen entfernt und vor dem deutschen Vormarsch in Sicherheit gebracht. In Biarritz und an der ganzen baskischen Grenze wurden alle Hotels in Lazaretts umgewandelt. Das Hauptquartier der S. S. A. und die Krankenwagen wurden in meinem Haus und in meinem Garten untergebracht.

Marie-Claude, Jean-Pierre und Danièle gehen mit ihrem Schweizer Kindermädchen an den Strand, so wie mein Bruder und ich 1914/18. Ich bin als Vertreterin der S. S. A. und des Roten Kreuzes bei der Ankunft aller Züge dabei. Die Zahl der freiwilligen Krankenträger und Pfleger ist sehr groß.

Eine bunte internationale Gesellschaft ist mehr oder weniger in der letzten Stadt vor der spanischen Grenze blockiert. Es herrscht ein unglaubliches Durcheinander. Unsere eifrigsten Helfer sind Michael Farmer, ein wunderbarer Ire von einem Meter fünfundneunzig. Er ist der Ex-Ehemann der Schauspielerin Gloria Swanson. Auch Alfonso Munoz ist dabei, ein unehelicher Sohn des spanischen Königs Alphonse XIII. Er ist verwachsen und schwächlich und stand im Bürgerkrieg auf Seiten der Falangisten, während sein Bruder in den Reihen der Kommunisten an den Ufern des Bidassoa kämpfte.

Am 20. Juni ziehen die Deutschen mit einem unglaublichen Lärm der motorisierten Fahrzeuge, Motorrädern und Panzern, in Biarritz ein. Vorneweg reitet ein großartiges Regiment, dessen Offiziere ausschließlich Österreicher sind. Sie richten sich entlang der Küste ein, bis nach Hendaye.

Das Leben geht noch einige Zeit im gleichen Rhythmus weiter. Die Züge bringen neue Verwundete, dann beginnt die große Auflösung.

Ausländer mit gültigen Papieren, vor allem Südamerikaner, bemühen sich, in ihre Heimatländer zurückzukehren. Die belgischen und holländischen Flüchtlinge versuchen, in die sogenannte Freie Zone zu gelangen. Einige wollen noch weiter weg – entweder um den Krieg in England fortzusetzen oder ihm zu entfliehen und die Ereignisse in den USA abzuwarten. In den Konsulaten herrscht großer Andrang, und auf den Quais von Bayonne wimmelt es von einer unbeschreiblichen Menschenmenge.

Meine Freunde Netter fahren nach Cautérêts (in der Freien Zone), um sich dann in Cannes niederzulassen. Robert ist in Pau aus der Armee entlassen worden. Er konnte mir durch einen hilfsbereiten Eisenbahner, der mir seinen Brief überbrachte, seinen Aufenthaltsort mitteilen. (Die Post funktioniert nicht zwischen den beiden Zonen.) Es gelingt mir, ihn nach Biarritz kommen zu lassen, wobei uns der Bürgermeister Monsieur Hirigoyen half. Er stellte ihm eine Bescheinigung aus, daß er »Landwirt und für die Landwirtschaft unentbehrlich« sei, was durch unser vierzig Hektar großes Gut in Bayonne durchaus gerechtfertigt ist. Derselbe hilfsbereite

Eisenbahner erklärt sich bereit, Robert die Bescheinigung zu überbringen. Robert kommt zu uns nach Biarritz. Hier sind auch mein Vater, Marie-Claude, die spanische Hausangestellte und eine Pariser Lehrerin, Madame Dupont. Sie wohnt als Flüchtling bei uns und unterrichtet vormittags Marie-Claude und einige Pariser Kinder gleichen Alters, die so ihre Schulbildung fortsetzen können.

Die Deutschen richten sich ein. Sie installieren ihre Kommandantur und ihre Polizei (die noch nicht Gestapo genannt wird). Vorerst stören sie die Bevölkerung noch nicht sehr. Wir sind mit Lebensmitteln reichlich versorgt, ebenso mit Obst und Gemüse, das von unserem Gut in Bayonne geliefert wird. Es genügte, die Anwesenheit der Deutschen einfach zu ignorieren oder so zu tun, als würde man sie nicht zur Kenntnis nehmen.

Obwohl ich alles unternehme, um mir für den Notfall Papiere zu besorgen, will ich immer noch nicht glauben, daß es zu antisemitischen Ausschreitungen kommen könnte. Wenn man mir bisher erzählte, was in Deutschland vor sich ging, hatte ich nicht genügend Vorstellungskraft, es zu glauben. Ich war immer zutiefst überzeugt, daß Provokateure uns gegen die Deutschen aufhetzen wollten, um einen Krieg vom Zaun zu brechen. Dieser Krieg hat inzwischen stattgefunden und wir haben ihn verloren.

Biarritz ist endgültig besetzt. Viele Frauen sind bereit, mit den Siegern zu verkehren, die überall sind: in Cafés, Restaurants und Geschäften. Ich entdecke in mir einen übersteigerten Patriotismus. Ich habe lange geweint, als General Pétain den Waffenstillstand unterzeichnete. Ich kann den Anblick der feindlichen Offiziere nicht ertragen, so höflich, liebenswürdig und verführerisch sie zu diesem Zeitpunkt auch sein mochten, wo sie noch versuchten, uns zu besänftigen. Ich kann mich nicht beherrschen, ostentativ eine Bar zu verlassen, wenn ein Deutscher eintritt. Ich weiß, daß sie die Juden nicht mögen, aber das ist mir nicht wichtig, denn ich habe niemals verstanden, was für ein Unterschied in der Tatsache liegt, Jude zu sein.

Ich fühle mich wirklich so französisch mit diesen Vorfahren, daß das »jüdische Problem« mich nicht einmal berührt. Ich möchte sagen, daß der Antisemitismus die größte Bestürzung war, die der Krieg in mir hervorgerufen hat. Ich war in dem Bewußtsein erzogen worden, zu einer Elite zu gehören. Es gab eine katholische Aristokratie, es gab sicher auch eine protestantische und eine orthodoxe. Die jüdische Aristokratie war in meinen Augen eine Tatsache. Wir gehörten einer »Patrizierfamilie« an, und wir waren stolz darauf. Waren wir, mein Bruder und mein Cousin Jacques Rodrigues und ich, nicht die einzigen Nachkommen der Furtado, die 1680 nach Frankreich gekommen waren?

Für die französischen Juden, die ihre Geschichte kennen, war Abraham Furtado eine Art Held, der der Gemeinschaft zur Ehre gereichte. Er war mit einem Begleiter bis an die Ufer der Beresina gereist, um bei Napoleon die Sache seiner Glaubensbrüder in Frankreich zu vertreten. Als erster Präsident des Sanhedrin, des Hohen Rates der Juden, hatte er in Anwesenheit von Malesherbes eine denkwürdige Rede gehalten. Da er kinderlos war, hat er seinem Bruder Auguste seinen wunderbaren Besitz am Ufer des Adour vererbt. Auguste und seine Frau Coralie hatten auch keine Nachkommen und haben ihn ihrem Neffen, meinem Großvater Rodrigues-Ely vermacht, der es mir unter dem Vorbehalt des Nießbrauchs für meine Großmutter vererbte. Dies wurde mir erst bei meiner Heirat eröffnet.

Bayonne war eine Furtado-Stadt. Ein ganzes Stadtviertel hieß Quartier Furtado. Das Lyzeum hieß Lyzeum Furtado, das Altersheim trug diesen Namen. Alles war von diesen Furtados bezahlt worden, deren Schiffe zwischen Bordeaux, London und den fernen Ländern der Antillen über die Weltmeere fuhren, wo sie Handelsniederlassungen besaßen. Abraham Furtado war stellvertretender Bürgermeister von Bordeaux.

Von diesem Ruhm ist nichts geblieben. Das Krankenhaus ist ein schönes städtisches Krankenhaus geworden, das Altersheim existiert nicht mehr, das Lyzeum heißt »René-Cassin«. Das ist ein gewisser Trost, denn dieser hervorragende Mann, einer der ersten Mitstreiter de Gaulles, war unser Cousin. Mein Besitz mit dem entzückenden Haus aus dem 18. Jahrhundert, eingerahmt von Catalpas, deren Wurzeln bis an den Adour reichten, wurde 1956 in einen Bebauungsplan einbezogen und enteignet, um Platz zu schaffen für die Autobahn Bordeaux-Madrid. Ich sah, wie die Bulldozer die Blumenrabatten niederwalzten, die Alleen unkenntlich machten, wo ich als Kind zwischen den Rosenbüschen spazierenging und träumte.

Im Juli entschlossen wir uns, nach Paris zurückzukehren, um den Winter dort zu verbringen und die Ereignisse abzuwarten. Das war eine schlechte Idee. Dieser Winter war grauenhaft. Die Versorgung wurde täglich schwieriger. Man sprach von neuen, beunruhigenden Gesetzen gegen die Juden. Papa, Robert und ich, wir hielten uns gut. Wir dachten, uns könne nichts geschehen, selbst wenn die rassistischen Gesetze angenommen würden, wovon wir noch nicht überzeugt waren.

Wir sind Franzosen, von viel zu altem Stamm, als daß uns irgend etwas Unangenehmes zustoßen könnte. Doch die Gesetze wurden angenommen, und wir wurden nicht verschont, trotz unserer sehr langen und ruhmvollen Vergangenheit.

Die erste Etappe: Wir mußten uns bei der Polizeipräfektur melden. Wir gingen in aller Naivität hin. (Die Pflicht, den Davidstern auf der linken Brust zu tragen, kam erst 1942 auf, aber wir trugen ihn niemals.) Kurz darauf entschloß ich mich, illegal in die Freie Zone zu fahren (Juden hatten kein Recht auf einen Ausweis) und Marie-Claude zu meinem Bruder zu bringen, der in Megève, in Savoyen, ein kleines Haus gemietet hat und auf eine Gelegenheit wartet, nach London zu gehen. Wir fuhren mit dem Zug bis Dax, dort stieg ich ganz unbefangen mit Marie-Claude an der Hand, den Koffer in der anderen, in den Autobus nach Hagetmau. Der Apotheker dieses Dorfes war in der glücklichen Lage, über einen Eingang in der besetzten Zone zu verfügen und eine Hintertür, die auf ein Feld in der Freien Zone führte. Wir sind also sehr schnell außer Gefahr, aber wir müssen nach Pau, um dort einen Zug zu bekommen, der uns nach vielem Umsteigen nach Savoyen bringt.

Wir haben wieder Glück. Nach einem langen Fußmarsch wagen wir es, an der Tür eines Schlosses zu klingeln und um Gastfreundschaft zu bitten. Wir werden von einer Familie de Bries empfangen, die mit dem belgischen Königshaus verbunden ist. Sie sind außerordentlich freundlich. Sie laden uns nicht nur zum Abendbrot ein, sondern bestehen auch darauf, daß wir bei ihnen übernachten. Ihr sechzehnjähriger ältester Sohn, der Marie-Claude mit Blicken verschlingt, schafft es, uns am nächsten Morgen ein Taxi mit Holzgenerator zu besorgen. Dieser Tag bleibt für immer in mein Gedächtnis eingegraben. Was mag aus dieser Familie geworden sein, die so großzügig und schlicht war. Konnte sie sich retten?

Nach einer turbulenten Reise mit einem abermaligen vierundzwanzigstündigen Aufenthalt in Aix-les-Bains kommen wir wohlbehalten in Megève an. Drei Tage Ski fahren, die Zärtlichkeit des Familienlebens, Nachtbars – sie wurden nicht leer – dann kehrte ich zu meinem Apotheker in Hagetmau zurück, zu meinem Bahnhof in Dax und meinem Zug nach Paris, wo nur noch Robert und mein Vater waren.

Ich versuche sie zu überreden, auch fortzugehen. Robert ist einverstanden. Er befürchtet, bei einer Razzia verhaftet zu werden. Meine Schwiegereltern und mein Vater meinen, sie seien zu alt, um die Gefahren einer solchen Reise auf sich zu nehmen. Meine Schwiegereltern gehen niemals aus, sie haben ihr Radio abgegeben, tragen den gelben Stern und verkaufen ihre Galerie (zum Schein) an einen christlichen Antiquitätenhändler. Nach Kriegsende sind sie ein bißchen klapprig, da sie viel Schreckliches durchgemacht haben, nicht zu vergessen den Hunger und die Kälte, aber sie sind am Leben.

Mein Vater, der sein Alter vorschiebt, um Paris nicht zu verlassen, geht jeden Abend aus. Er hat noch immer zahlreiche Freundinnen, geht trotz des Verbots ins Kino und trägt nicht den gelben Stern. Aber für ihn endet das im Lager Birkenau, aus dem er nicht zurückkehrt. Wurde er denunziert? Wir werden es nie erfahren. Er hätte noch Ende 1943 fortgehen können, als es in Paris wirklich gefährlich wurde. Alle Papiere (falsche) waren fertig. Er blieb, um weiter seine Klienten zu beraten, die Akten für sie vorzubereiten, die einer seiner nichtjüdischen Mitarbeiter dann vor Gericht vertrat, weil er als Jude keine Fälle mehr vor Gericht vertreten durfte. Vielleicht spielte die finanzielle Seite auch eine Rolle, er war zu zurückhaltend, um es mir zu sagen. Vielleicht wollte er mir auch weiter Päckchen ins Gefängnis von Fresnes schicken, wo ich seit Juni 1943 eingesperrt war.

Robert hatte sich überzeugen lassen, die Stadt zu verlassen. Ich begleitete ihn bis Dax zu unserem Verbindungsmann Morel, der eine Autoreparaturwerkstatt besaß. Der Apotheker war leider verhaftet worden. Morel besorgte uns einen Begleiter, der uns über die Grenze brachte, indem er einige Schritte vor uns herging.

Ich fahre mit dem Zug nach Bayonne, in die verbotene Zone, um zu versuchen, unsere Villa so gut wie möglich zu schützen, und vor allem unser Gut, das voller Erinnerungen an unsere Vorfahren ist. Manche Dinge sind über 200 Jahre alt. Die Wände sind mit Gemälden der Familie bedeckt, die Schränke voller Sammlungen von chinesischem Porzellan. Alle Zimmer sind mit historischen Möbeln im Stil Louis XV., Louis XVI., des Empire und Biedermeier ausgestattet.

Ich habe in Paris durch Vermittlung meines Nachbarn, Prinz de Broglie, eine Audienz in der Rue Kléber bei Graf Metternich erhalten, dem deutschen Offizier, der mit dem »Schutz« der Kulturgüter in Frankreich beauftragt ist. Er ahnte nicht, daß ich Jüdin bin und gab mir ein Schreiben an den Kommandanten in Bayonne mit, der meinen Besitz unter den Schutz des Deutschen Reiches stellen sollte. Leider war das Gut gerade vom deutschen Reitercorps der Lipizianer beschlagnahmt worden. Der Chef der Kommandantur ist ratlos, wie soll er es anstellen, dem Grafen Metternich zu gehorchen, indem er meinen Besitz schützt, und gleichzeitig für die Unterbringung des Reitercorps zu sorgen? Er fragt mich, ob ich ihm eine Lösung vorschlagen könne. Ich schlage vor, alle Möbel und Kollektionen aus Bayonne in die Villa nach Biarritz zu bringen, während der Kommandant sich verpflichtet, diese zu schützen. Der Offizier findet diese Idee ausgezeichnet. Ich solle mich um den Umzug kümmern, er werde die nötigen Anordnungen treffen. Ich muß ihm versprechen, gegen sechzehn Uhr vorbeizukommen, um ihn vom Ergebnis zu unterrichten. Ich fahre schnell mit einem Holzgasgenerator-Auto auf mein Gut (drei Kilometer außerhalb von Bayonne), rufe die Gärtner und die Bauern zusammen und sage ihnen: »In vierundzwanzig Stunden muß das ganze Haus leergeräumt sein.« Natürlich sollen die Sachen nicht nach Biarritz gebracht werden, sondern in ein sicheres Versteck, das sie ausfindig machen sollen. Alle ohne Ausnahme bieten ihre Scheunen an und versichern, daß kein Deutscher bisher irgendeine Scheune in der Gegend betreten habe. Da mir nichts Besseres einfällt, nehme ich dankbar an und fahre wie vereinbart um sechzehn Uhr zur Kommandantur. Dort werde ich von einem arroganten Leutnant empfangen, der mich rücksichtslos anschnauzt:

»Warum haben Sie dem Kommandanten nicht gesagt, daß es sich um jüdischen Besitz handelt?«

»Er hat mich nicht gefragt.«

»Weiß Graf Metternich es?«

»Selbstverständlich.«

Seine letzte Frage macht mir klar, daß er Graf Metternich telefonisch noch nicht erreichen konnte, um ihn zu fragen.

»Unternehmen Sie vorläufig noch nichts, wir werden morgen Anweisungen erteilen.«

Nach dieser vagen Formulierung trennen wir uns kühl. Ich eile abermals zu »meinen« Bauern und sage ihnen: »Bis morgen früh um fünf muß alles aus dem Haus sein, sie werden im Morgengrauen kommen.«

»Beunruhigen Sie sich nicht«, antworten sie mir. »All unsere ›Kumpel‹, die Bauern aus der Umgebung, werden uns helfen. Um vier oder fünf Uhr wird alles erledigt sein.«

Um 21 Uhr steige ich beruhigt in den Zug nach Paris. Ich werde niemals erfahren, wie Graf Metternich reagiert hat. Es heißt, er wurde später an die russische Front geschickt, weil er zu vielen Franzosen geholfen hat.

Als ich nach dem Krieg zurückkam, fand ich all meine Möbel und Kunstgegenstände unversehrt wieder. Die Einzelheiten dieser Operation erzählten mir die Bauern bei einem Mittagessen, das von zwölf bis siebzehn Uhr dauerte und das sie und ihre Helfer für mich veranstalteten, um meine Befreiung zu feiern. Die Villa in Biarritz wurde natürlich verwüstet, nachdem die deutschen Dienststellen meine jüdische Herkunft entdeckt hatten.

Ich beschließe, meine Zeit aufzuteilen und regelmäßig jeden Monat meinen Vater zu besuchen, obwohl es mir schwerfällt, jeden Tag mitanzusehen, wie die feindlichen Truppen im Paradeschritt mit Musik und Hakenkreuzfahne die Champs Elysées lang marschieren.

Neue Maßnahmen gegen die Juden schränken die Rechte meiner Glaubensbrüder immer mehr ein. Wir aber sagen uns immer wieder – brauchen wir diese Illusion? –, daß unsere Papiere in Ordnung sind und wir nichts zu befürchten haben.

Jude zu sein, ist ein Seelenzustand, also ein sehr persönliches Gefühl. Einige leiden jetzt darunter, andere, wie wir, akzeptieren es und glauben, daß es ihnen nicht wirklich schaden könnte, weil sie ja Franzosen sind. Der Patriotismus war in meiner Familie tief verankert. Jude zu sein, war für uns zweitrangig, selbst wenn antisemitische Plakate die Mauern von Paris bedeckten. Ich erinnere mich, daß es auf den Champs Elysées zwischen dem Café Le Colisée und dem gleichnamigen Kino ein großes Kaufhaus gab, in dessen Schaufenstern Plakate hingen, die Léon Blum und Georges Mandel neben vielen anderen Persönlichkeiten mit grotesken Nasen zeigten. Darunter stand der Text: »Seht euch diese Juden an, man erkennt sie auf zehn Meter.« Anhänger des Faschisten Doriot standen davor und verteilten Flugblätter, in denen sie die Spaziergänger aufforderten, in ihre Partei einzutreten. Einer rief mir zu:

»Treten Sie näher, liebe Dame, wir fressen Sie nicht!« Ich zögerte einen Augenblick, wie ich reagieren sollte. Dutzende Blicke sind auf mich gerichtet. Ich antwortete:

»Bin ich nahe genug dran?«

»Aber ja, warum?«

»Bin ich nicht zehn Meter ab?«

»Nein, warum?«

»Ganz einfach, weil ich Jüdin bin.«

Die Menge der Schaulustigen bricht in Gelächter aus und applaudiert. Stolz auf mich, gehe ich die Champs Elysées hinunter zum Rond Point. Allerdings hat man bisher noch keine Juden verhaftet. Aber warum habe ich so reagiert? Aggressivität? Das Bedürfnis, mutig zu sein oder zu scheinen? Das war zumindest überflüssig. Wenn ich es nicht selbst begriffen hätte, so machten mein Vater und mein Bruder es mir am Abend klar.

Als es Pflicht wurde, den gelben Stern zu tragen, haben einige ihn mit Stolz getragen, andere fühlten sich erniedrigt und manche lehnten es überhaupt ab, ihn anzuerkennen. Mein Vater, Robert und ich gehörten zu letzteren. Warum sollten wir ein Zeichen tragen, um uns von anderen zu unterscheiden, da wir doch Franzosen waren und die Franzosen auch kein Unterscheidungszeichen trugen? Unsere Davidsterne blieben im Krieg in einer Schublade.

Die Demarkationslinie war für mich mit vielen Unannehmlichkeiten verbunden. Ihretwegen habe ich im Frühjahr 1941 mit dem Gefängnis und der Gestapo Bekanntschaft gemacht.

Als ich mit Marie-Claude bei meinen Freunden Netter bin, beschließe ich, meinen Vater in Paris einige Tage zu besuchen und bei der Gelegenheit zu erfahren, welche Pläne Robert hat.

Dieses Mal habe ich einen falschen Ausweis, den ich durch Vermittlung meines Freundes Oliver Rostand bekommen habe, der mit dem Direktor des Theaters Eduard VII. befreundet ist, der wiederum Beziehungen zu einem Offizier der Kommandantur in der Avenue Kléber hat. Für 500 Francs pro Stück zeigt sich dieser Offizier sehr großzügig mit diesen kostbaren Passierscheinen. Ich habe gleich fünf Stück gekauft: einen auf meinen Namen und die anderen für meine Kameradinnen vom S. S. A.: Daisy de Broglie, Marie-Louise de Tocqueville, Claude de Peyrhimoff und Colette Schwob de Lure. In Toulon steige ich in den Zug nach Paris um. In Marseille steigt die berühmte Mistinguette in mein Abteil. Ich kenne sie zufällig, da ich sie bei meinem Vater getroffen habe, der der Anwalt der Theatervereinigung war. Wir fallen uns in die Arme. Mistinguette schickt einen ihrer Boys – die im selben Zug, aber zweiter Klasse reisen –, ein Körbchen Kirschen für uns zu holen. Da sitzen wir uns nun gegenüber, plaudern fröhlich und knabbern unsere Früchte.

In Chalon-sur-Saône, am Übergang der Demarkationslinie, kommen die Deutschen ins Abteil. »Ausweis bitte«. Wir zeigen unsere Ausweise mit einer Ruhe, die die Sicherheit verleiht. Aber ein Tuscheln der Militärkontrolleure vor unserer Tür beunruhigt mich. Mir fällt plötzlich ein, daß ich doch nicht so unschuldig bin, ich hatte es ganz vergessen. Ich höre:

»Madame Fabius, wollen Sie uns folgen«. Ich erhebe mich, drehe mich um, um Mistinguette ein trauriges Adieu zu sagen, doch sie beachtet mich nicht und scheint mich überhaupt nicht zu kennen. Mit vier oder fünf anderen Personen, die auch aussteigen müssen, wahrscheinlich aus dem gleichen Grund wie ich, werde ich unter Aufsicht eines Wachpostens in einen Wartesaal des Bahnhofs geführt.

Zwei Stunden später bringt ein Kleintransporter uns ins Gefängnis von Chalon.

Es ist mein erstes Gefängnis und ein abscheulicher Ort. Man läßt mir meinen Koffer, pfercht mich in eine Zelle von normaler Größe, die aber schon von fünf Inhaftierten belegt ist. Ein pestilenzartiger Gestank nimmt mir den Atem. Er stammt von einem Kübel, den die Gefangenen abwechselnd leeren müssen. Warum sind die anderen hier? Ich werde es niemals erfahren. Aber ich habe begriffen, daß ich wegen meines »Ausweises« hier sitze.

Zwei Tage habe ich keinen anderen Kontakt als mit meinen Mitgefangenen. Die Tür öffnet sich nur zur Verteilung einer ungenießbaren Nahrung, die aber delikat ist im Vergleich zu dem, was ich später in Deutschland zu essen bekommen werde. Am Morgen des dritten Tages muß ich - immer noch ohne Erklärung - in eine bombastische Limousine steigen. Der Chauffeur und ein Soldat haben vorne Platz genommen, zwei Männer sitzen hinten auf den Klappsitzen, eine andere Gefangene und ich auf den Rücksitzen. Meine Nachbarin schläft ein und beginnt zu schnarchen. Ich bitte um Erlaubnis, ein Fenster öffnen zu dürfen, eine Idee, die mir genial erscheint. Da meine Reisegefährten mir den Rücken zukehren und mich vor dem Chauffeur und seinem Nebenmann verbergen, reiße ich ein Blatt aus meinem Notizbuch, auf das ich mit der Vorsicht eines Sioux-Indianers Name und Adresse meines Vaters und die Nachricht schreibe: »Habe soeben Gefängnis von Chalon mit unbekanntem Ziel verlassen, versuch, es herauszufinden.« Ich wickle ein Fünf-Francs-Stück in den Zettel und warte auf eine günstige Gelegenheit. Sie bietet sich schnell in Gestalt eines Bäckerburschen, der auf seinem Fahrrad hinter uns her radelt. Ich tue so, als würde ich die reizende Landschaft betrachten, die an uns vorüberzieht, und werfe das Geldstück aus dem Fenster. Ein Blick in den Rückspiegel überzeugt mich, daß mein junger Radfahrer angehalten hat, um den Gegenstand aufzuheben, den er fallen sah. Dann verschwindet er aus meinem Blickfeld.

Wir fahren weiter durch die Landschaft der Bourgogne. Es ist schönes Wetter. Ich spüre den Duft des Frühlings. Bald kommen die Krankenhäuser von Beaune in Sicht. Das Auto hält vor dem Gefängnis.

Nach Chalon ist dies ein Paradies. Zwei französische Aufseher, ein Mann und eine Frau, begrüßen uns sehr freundlich. Offensichtlich erwarten sie uns schon eine Weile. Unsere Bewacher überlassen uns wortlos den beiden, steigen in ihre Limousine, umrunden den Platz und verschwinden. Unsere neuen Wächter sind zum Plaudern aufgelegt und erklären uns triumphierend: »Wir haben hier eine Prinzessin, eine Marquise und eine Comtesse«. Darauf schließen sie uns in unsere Zellen ein. Saubere und ordentliche Zellen.

Ich erkenne sofort meine zwei Mitgefangenen. Die erste wirft sich an meinen Hals und stellt sich unter ihrem Mädchennamen vor (sie gehört dem Adel an), als wolle sie sich davon distanzieren, die Ehefrau eines Vertreters einer der berühmtesten Familien der jüdischen Aristokratie zu sein ... Sie ist also die »Comtesse«. Die andere flüstert mir bei der Begrüßung wie die Comtesse ihren Mädchennamen ins Ohr. Ich kannte sie bisher nur als Ehefrau eines jüdischen Freundes von Robert.

Nach einer Stunde einer eher fröhlichen und lebhaften Unterhaltung öffnet man uns die Tür zu einem Spaziergang. Es erscheinen auch die Prinzessin, die Marquise und eine ihrer Freundinnen. Diese feine Gesellschaft ist nicht wegen ihrer Titel hier wie während der Revolution von 1793 in der Conciergerie, sondern ganz banal wegen falscher Ausweise. Die Prinzessin erklärt mir, daß sie gerade den deutschen General Stulpnagel angerufen habe, der für ihre Freilassung sorgen werde. Tatsächlich, kurz vor Beendigung unseres Gesundheitsspaziergangs holen zwei Wehrmachtssoldaten sie ab. Vor Freude stürzen sich die Prinzessin und ihre Freundin auf die »braven deutschen Soldaten« und küssen sie im Überschwang auf den Mund. Und so verschwindet diese brillante Vertreterin des französischen Adelskatalogs.

Nun haben wir weder eine Marquise noch eine Prinzessin. Was soll nun aus uns werden? Uns bleibt nur die Comtesse. Um sieben Uhr holt man mich aus der Zelle, ich werde am Telefon verlangt. Welch ein vorbildliches Gefängnis, wirklich. Es ist mein Vater. Er hat meine Nachricht erhalten, dank des jungen Bäckergesellen und seines Meisters, der sicher antideutsch war. Mein Vater kündigt mir an, daß Robert mich morgen besuchen wird. Stolz auf mich und meine Familie schlafe ich ein. Robert erscheint tatsächlich am nächsten Tag mit einem Arm voller Lebensmittel. Unsere guten Wächter ermöglichen mir eine lange Unterhaltung mit ihm. Er bleibt drei Tage in Beaune und besucht mich jeden Nachmittag. Die Frau von Roberts Freund wird ebenfalls freigelassen. Mein Vater versichert mir, daß es auch für mich nicht mehr lange dauern wird. Robert fuhr also nach Paris zurück. Vier Tage später holten mich zwei Wehrmachtssoldaten ab und setzten mich in den Zug nach Paris.

Die Comtesse blieb allein zurück mit allen Lebensmittelvorräten Roberts, die ich ihr mit der Bitte überlassen hatte, sie bei ihrer Entlassung den anderen Häftlingen zu geben. Eine Woche darauf bat sie mich in einem Telegramm, sie am Pariser Bahnhof Gare de Lyon abzuholen. Kurz darauf lud sie mich ins Hotel Bristol, wo sie immer abstieg, zum Abendessen ein. Es war kein Mostrich da und sie sagte, sie hätte welchen im Wandschrank ihres Schlafzimmers. Da fand ich neben dem Mostrich auch all meine schönen Lebensmittel aus dem Gefängnis. Sie hatte sie nicht den zurückbleibenden Häftlingen dagelassen.

Ich habe sie später im Lager Ravensbrück wiedergetroffen, wo sie gestorben ist. Sie kam dort 1944 nach der Befreiung von Paris hin. Es war noch fast ein Jahr bis zur Befreiung des Lagers auszuhalten. Sie warf sich vor den Deutschen auf die Knie und wiederholte ständig, daß sie keine Jüdin sei, sondern nur ihr Mann sei Jude, mit dem sie in Scheidung lebe. Sie sei eine gute Freundin des französischen Botschafters Fernand de Brinon, und es gäbe keinen Grund, sie in einem deutschen Lager zur Arbeit zu zwingen. Sie redete den größten Unsinn zusammen. Sie hatte nicht begriffen, daß sie nicht im Lager war, weil sie Jüdin war, sondern weil sie während einer Modenschau bei Schiaparelli die Gattin des deutschen Botschafters Otto Abetz brüskiert hatte. Im Bewußtsein, daß die Amerikaner schon vor den Toren von Paris standen, hatte sie die Kühnheit, ihren Platz zu wechseln, um nicht neben der Botschaftsgattin zu sitzen. Das war »zu früh«. Am selben Abend ließ Otto Abetz sie von seinen Diensten abholen.

Ich habe sie gebeten, im Lager zu schweigen. Ich sagte ihr, jeder könne sie hören und verurteile ihr Benehmen, außer den Deutschen, die gar nicht verstanden, was sie da von sich gab. Sie ist ihnen schließlich so auf die Nerven gegangen, daß sie sie eines Tages abholten und auf der Stelle verschwinden ließen.

Nach meiner Befreiung nahm ich an einem Abendessen teil, zu dem auch die Schwägerin der Unglücklichen eingeladen war. Sie fragte mich nach dem Verhalten der Comtesse im Lager, und ich erzählte ihr, was geschehen war. Mein Bericht riß sie zu der entsetzten Frage hin: »Sie wollen doch nicht sagen, daß man sie zur Arbeit zwingen wollte?« Ich konnte ihr nur antworten, daß wir alle zwei Jahre lang gearbeitet haben, Straßen bauen, Exkremente und Tote fortschaffen mußten. »Aber sie hat doch nicht einmal ihren Koffer selbst gepackt«, entgegnete sie mir, »wie hätte sie dann eine Schaufel halten können?« Sollte man darüber lächeln? Ich befand mich in einem Kreis, wo viele nichts gesehen, nichts gewußt und nichts verstanden hatten. Vielleicht haben einige »immer nichts« gewußt, obwohl sie doch alle Fakten hatten, um zu wissen, aber vielleicht wollten sie nichts wissen.

Glücklich mit »meinen Männern« wieder vereint, versuche ich nochmals einen Abend lang sie zu überreden, die Hauptstadt zu verlassen.

Am nächsten Tag informiert mich meine Nachbarin Madeleine de Tinan, die mit mir beim Sanitätsdienst gearbeitet hat, daß die Bestechung mit den Passierscheinen aufgedeckt worden sei und alle meine Kolleginnen, die falsche Ausweise besitzen, verhört worden sind. Mir stehe das sicher auch bevor. Sie rät mir dringend, mit keiner in Kontakt zu treten. Um diese Angelegenheit schneller aus der Welt zu schaffen, möchte ich ihnen zuvorkommen und gehe selbst zu der Kommandantur in der Avenue Kléber. Ein Offizier vom »Ausweisdienst« erklärt mir ganz freundlich, er wisse nicht Bescheid. Er rät mir, mich nicht zu beunruhigen, wenn man mich verhören wolle, werde man mich verhören. Wütend gehe ich nach Hause, ich mag nicht, daß sich die Dinge hinziehen.

Am nächsten Morgen bricht Robert schon sehr früh in die Provinz auf. Gegen acht Uhr höre ich schwere Schritte auf dem Hof. Die sind offensichtlich für mich. Kurz darauf klingeln zwei Deutsche in Wehrmachtsuniform an meiner Tür und bitten mich, sie zu begleiten. Ich tue so, als würde ich meine Handtasche suchen und flüstere meiner Aufwartefrau heimlich zu, meinem Vater Bescheid zu sagen, daß ich an einen unbekannten Ort gebracht werde.

Wir durchqueren Paris, kommen durch Stadtviertel, in denen ich noch nie war, und gelangen zu einem ziemlich schäbigen Hotel, das die Gestapo beschlagnahmt hat. Einige Deutsche mit nacktem Oberkörper – die Hitze ist drückend für die Jahreszeit – sind in einem Büro versammelt. Diese Herren – sie haben keinen Dienstgrad – verhören mich abwechselnd:

»Wie sind sie zu den fünf Ausweisen gekommen?«

»Durch einen Freund, der mit einem Offizier in der Avenue Kléber bekannt ist.«

»Wer ist dieser Freund?«

»Das werde ich Ihnen nicht sagen, ich denke, Sie würden Ihre Kameraden auch nicht verraten.«

»Wieviel haben Sie dafür bezahlt?«

»Nichts, das war ein Geschenk dieses Freundes.«

»Madame de Tocqueville hat mir gesagt, daß Sie Ihnen sechs Paar Strümpfe gegeben hat.« (Er lügt.)

»Das hat Madame de Tocqueville Ihnen bestimmt nicht gesagt.«

»Prinzessin de Broglie hat uns gesagt, sie hat Ihnen tausend Francs gegeben.«

»Die Prinzessin de Broglie hat Ihnen das bestimmt nicht gesagt.«

Diese Komödie dauert von zehn Uhr morgens bis elf Uhr abends! Sie sind ungefähr zehn Mann, die sich abwechseln. Sie essen vor meinen Augen Sandwiches, die sie mit großen Humpen Bier herunterspülen. Mir geben sie den ganzen Tag nichts zu essen. Ich glaube, daß sie sich ziemlich derbe Witze erzählen, denn sie brechen oft in Gelächter aus. Um elf Uhr abends ändert sich die Atmosphäre. Zwei Offiziere in Uniform treten ein, verbeugen sich vor mir, schlagen die Hacken zusammen:

»Madame Sie sind frei.«

Ich antworte: »Danke meine Herren, es hätte auch nicht anders sein können. Fährt die Metro noch?«

»Keine Sorge, wir bringen Sie nach Hause.«

Eine Limousine mit Standarte fährt vor und bringt mich zur Avenue Montaigne. Einer der Offiziere steigt aus und öffnet mir die schwere Haustür, während der andere mir eine gute Nacht wünscht.

Ich bin etwas verwundert und rufe meinen Vater an, der ebenso verblüfft ist. Langsam kommt mir der Verdacht, daß hinter diesem Wandel der Situation etwas anderes steckt als meine Sturheit. Nach einer wirklich guten Nacht erfahre ich von Madeleine de Tinan, daß Sylvia de Talleyrand gegen zehn Uhr abends erfahren hatte, daß ich verraten worden war. Sie eilte sofort ins Hotel Ritz zu ihrem besten Freund, dem Tennischampion von Cramm, der damals in Paris genauso wichtig war wie Otto Abetz, der Botschafter des Deutschen Reiches. Ich bin also nicht wegen meiner stoischen Haltung freigekommen, sondern dank ihrer Intervention. Mutig wie sie war, hat Sylvia de Talleyrand nie wieder mit der Person gesprochen, die mich verraten hat. Der deutsche Offizier von der Dienststelle für Ausweise wurde an die Ostfront versetzt.

Ich fahre wieder in die Freie Zone, an die Côte d'Azur zurück, wo mein Bruder Bobby sich niedergelassen hat. Robert ist auch bei ihm. Ich treffe meine ganze Familie in Lavandou im »Hotel des Iles«. Mein Mann und mein Bruder suchen ein Haus, wo wir alle sieben unterkommen können: Robert, Marie-Claude und ich, Bobby, seine Frau Jacqueline und sein Sohn Eric, sowie eine junge Frau, halb Kindermädchen, halb Hausangestellte.

Diese wenigen Tage im Hotel, dieser Frühlingsanfang am Mittelmeer – keine Tumulte, keine in deutscher Sprache gebrüllten Befehle zu hören, nicht mehr die Plakate über Geiselerschießungen an den Häuserwänden zu sehen –, das ist eine Zeit reinen Glücks. Ich erinnere mich noch an die Mahlzeiten mit jungen Erbsen, die wir verschlangen, als hätten wir noch nie welche gegessen. Vier Kilometer von Lavandou entfernt fanden wir an dem kleinen Strand Saint Clair das Traumhaus.

Dort stehen drei Häuser relativ weit voneinander entfernt: Die Villa des Arztes und ein kleines Fischerhaus, in dem die Frau eines Offiziers wohnt, die vergeblich eine Möglichkeit sucht, zu ihrem Mann nach Syrien zu gelangen. Das dritte Häuschen wird unseres: Vier schöne Schlafzimmer, ein großes Wohnzimmer, eine Küche, ein Bad, zwei Toiletten – und vor allem: dreißig Meter entfernt das Meer. Wir verleben hier einige wundervolle Wochen inmitten des Chaos. Wir baden im Meer, lassen uns in der Sonne bräunen. Robert geht fischen und bringt jeden Tag etwas nach Hause, um eine herrliche Fischsuppe daraus zu machen. Ich gehe zu den Bauern in der Umgebung, die mir Milch, Eier und riesige Pfirsiche verkaufen. Die Netters kommen aus Cannes herüber. Natürlich bleibt in unserem Herzen die Angst und hält uns gefangen. Wir aber spielen die Komödie der Seelenruhe, und manchmal gelingt es uns sogar, daran zu glauben.

Bobby wartet auf Nachrichten für seine Abreise nach London. Ich bestürme Papa mit »Interzonen-Karten«, zu uns zu kommen. Marie-Claude sammelt eine Gruppe von Jugendlichen um sich, wobei sich schon ihr autoritärer Charakter zeigt. Ihre kleinen Freunde nennen sie »Napoleon«. Und dieser Napoleon kennt diese Gegend gut, die sie mit dem Fahrrad durchstreift. Sie kommt immer mit einem Geschenk von einem der Bauern aus der Umgebung zurück.

Robert fährt ab und zu nach Lyon oder Marseille zu Freunden

und Kollegen, mit denen er irgendwelche Geschäfte zu machen versucht. Während einer dieser Ausflüge verabredet er sich mit mir in Marseille. Lavandou liegt nicht an der Bahnstrecke. Ich fahre also mit dem Zug bis Toulon, wo der Zug nach Marseille hält.

In diesem Zug entscheidet sich mein Schicksal. Hier treffe ich im November 1941 Claude Raynal, einen alten Freund aus meiner Kindheit, und an diesem Tag beginnt alles.

3. Kapitel

In Marseille lädt Claude mich in das Restaurant Verdun zum Essen ein. Anschließend will er mir einen Freund vorstellen, mit dem er geschäftlich in der Bar des Grand Hotels verabredet ist, in dem ich auch immer wohne. Er bittet mich im voraus, nach einer Weile Müdigkeit vorzuschützen und ihn mit seinem Freund allein zu lassen. Wir treffen uns also mit diesem »Monsieur Lion«, den ich sehr charmant finde. Nach dem Austausch allgemeiner Höflichkeiten sagte Claude wie verabredet, daß ich sicher müde sein werde und mich ausruhen möchte.

Am nächsten Morgen läßt er mich um sieben Uhr früh wecken und bittet mich, ihn zum Flughafen Marignane zu begleiten, denn er müsse nach Algerien fliegen. Er fügt hinzu, Monsieur Lion möchte mich bei dieser Gelegenheit wiedersehen. »Ich stehe nicht um sieben Uhr auf, um einen Herren zu treffen, der mir zufällig am Abend vorher über den Weg gelaufen ist und ›wünscht‹, mich wiederzusehen«, antwortete ich. Aber Claude läßt nicht locker und sagt, dieser Wunsch hat nichts, aber auch gar nichts mit meinem Charme zu tun. Neugierig geworden, fahre ich mit. Als Monsieur Lion mich vom Flugplatz in einem Auto mit Holzgasgenerator zurückbringt, erzählt er mir, daß er am Tag zuvor in einem Unterseeboot aus London angekommen sei. Sein wahrer Name sei Fay. Er habe den Auftrag, Widerstandsgruppen aufzubauen. Da er den Eindruck gewonnen habe, daß ich starke Willenskraft besitze und meine Auffassungen auf vielen Gebieten seinen sehr nahe sind, wolle er mich fragen, ob ich vielleicht einen Brief für Colonel Alamichel, seinem Verbindungsmann in Paris, mitnehmen würde. Ich habe ihm ja erzählt, daß ich am nächsten Tag in die Hauptstadt zurückfahren würde.

Ich finde das verlockend, bin aber zugleich etwas ängstlich. Ich verspreche ihm, meinen Mann, der noch heute nach Marseille kommt, um seine Meinung zu fragen und ihm morgen meine endgültige Antwort zu geben. Wir treffen uns dann – oder auch nicht – in der Bar Cintra.

Ich habe es fast erwartet, daß Robert »dagegen« ist. Seine Argumente gefallen mir nicht: Es gibt vierzig Millionen Franzosen, die diese Arbeit tun könnten. Warum sollst ausgerechnet du sie tun? Ich zögere nicht mit der Antwort: »Warum also nicht ich?« Robert schweigt.

Ich nehme also die Aufgabe an, die Monsieur Lion mir anvertraut, und schreite munter meinem Schicksal entgegen, in meinem Gepäck einen schönen verschlüsselten Brief an einen unbekannten Colonel, dessen Namen ich noch nie zuvor gehört habe.

Am nächsten Tag bin ich in Paris in der Rue Nicolo im Stadtviertel Passy, wo Colonel Alamichel wohnt. Stolz überreiche ich ihm besagten Brief. Ich erinnere mich, daß mein Verbindungsmann und seine Gattin mich zum Abendessen dabehalten wollten. Er ist ein sympathischer Mann, klein, grauhaarig, eher häßlich, aber von einer intellektuellen Häßlichkeit. Sein Blick ist voller Freundlichkeit und Schalk. Seine Frau hingegen ist sehr schön, wenn auch von einer etwas gewöhnlichen Schönheit. Sie scheint eine gewisse Marie-Madeleine zu verabscheuen, von der ich zum ersten Mal höre, die ich aber bald kennenlernen werde.

Ich lehne ihre liebenswürdige Einladung zum Abendessen ab, weil mein Vater mich erwartet. Er führt weiter sein ruhiges Pariser Leben. Natürlich leidet er unter den Rassengesetzen, aber er ist immer von einem Kreis von Frauen umgeben, die mehr oder weniger in ihn verliebt sind, darunter eine seiner Mitarbeiterinnen. Ich richte mich einige Zeit in der Rue Montaigne ein und besuche ihn jeden Tag.

Nach knapp einer Woche ruft Colonel Alamichel an und bittet mich um ein Treffen. Etwas überrascht lade ich ihn zu mir ein. Er kommt und bittet mich, nach Marseille zurückzufahren, denn er hat eine äußerst dringende Nachricht für Kommandant Fay (Monsieur Lion), und weil er niemand anderes habe, bittet er mich, diese Aufgabe zu übernehmen.

Ich lehne zunächst ab, gebe dann aber nach. Warum? Gefallen am Risiko, am Abenteuer, Patriotismus? Unbesonnenheit? Haß auf die Deutschen? Vierundvierzig Jahre danach weiß ich es immer noch nicht. Sicher eine Mischung aus all diesen Gründen. Hinzu kam, daß Roberts Bemerkung, vierzig Millionen Franzosen könnten den ersten Brief an meiner Stelle überbringen, mich genervt hatte. Mein Bruder versuchte, nach London zu de Gaulle zu kommen. Ich wollte auf dem Boden Frankreichs auch etwas – entsprechend meinen Möglichkeiten – tun. Ich ahne, daß ich in ein Räderwerk gerate, das mich sonstwo hinführen kann, bin aber überzeugt, eine richtige Entscheidung zu treffen. Roberts Überlegung ist folgende: Wir sind Juden, und wenn wir durchkommen wollen, müssen wir versuchen, in einem ruhigen Winkel zu bleiben, ohne Aufmerksamkeit zu erregen. Er selbst versucht so zu leben wie viele seiner Freunde. Wenn wir kein Recht haben zu arbeiten, fügt er hinzu, müsse man andere Mittel finden, um zu leben. Es geht nicht ums »überleben«, denn wir denken nicht einen Augenblick an die Möglichkeit einer Ausrottung unserer Glaubensbrüder.

So gerate ich in Marseille ein wenig durch Zufall in das illegale Netz des Nachrichtendienstes, der sich später »Alliance« nennt. Sein Chef ist Kommandant Loustaunau-Lacau. Er ist als Mitglied der Cagoulards bekannt, ist aber absolut antideutsch. Seine Stellvertreter sind Kommandant Fay und eine Frau, die seine vertraute Ratgeberin ist, Marie-Madeleine Méric (die spätere Madame Fourcade). Sie gibt mir den Decknamen »Biche«, weil ich die Augen einer Hirschkuh hätte, wie sie sagt. Das ist jetzt mein Deckname. Alle Mitglieder der Gruppe »Alliance« tragen Tiernamen. Bei meinem Eintritt in die Geheimorganisation ist Loustaunau-Lacau im Gefängnis. Deshalb betrachte ich Kommandant Fay als meinen Chef. Aber Marie-Madeleine, die bis zur Verhaftung von Loustaunau-Lacau seine Mitarbeiterin war, glaubt, daß seine Machtbefugnisse an sie übergegangen seien. Fay ist ganz geblendet von der unbestreitbaren Schönheit und dem Charme dieser Frau. Sie übt auf ihn, wie auf alle, einen enormen Einfluß aus und erreicht, daß er ihre Rolle als Stellvertreterin des großen Chefs ohne weiteres akzeptiert.

Unser Hauptquartier ist weit vom Hafen entfernt am Ende der Uferstraße im Erdgeschoß eines Hauses, das äußerlich ziemlich bescheiden wirkt. Hier können wir in Ruhe arbeiten, niemand interessiert sich für uns. Manchmal kommen viele Nachrichten auf einmal an, manchmal vergehen Tage, ohne daß wir etwas auffangen können, nicht einmal die normalen Rundfunksendungen aus London. Oft haben wir selbst auch nichts zu übermitteln. Eine Zeitlang ist diese Arbeit, die hauptsächlich darin besteht, Nachrichten zu dechiffrieren und auf Nachrichten aus England zu warten, für mich eine wunderbare Lehrzeit bei Kommandant Fay, mit dem ich mich sehr gut verstehe.

Aber das währt nicht lange. Marie-Madeleine vertraut mir meist nur uninteressante Aufgaben an. Sie selbst schließt sich stundenlang mit Fay ein. Ich werde in ein Büro abgeschoben und nehme niemals mehr an großen Aktionen teil, wie beim Eintreffen von Flugzeugen oder Abfahrten nach London. Wird eine Ankunft in stockdunkler Nacht angekündigt, lehnt Marie-Madeleine es jedesmal ab, mich mitzunehmen, obwohl Kommandant Fay es mir versprochen hatte. Es fällt mir immer schwerer, ihre krittelnden Bemerkungen zu ertragen. Sie läßt keine Gelegenheit aus, mir eine Lektion zu verpassen. So erweist sich mein neues Leben weniger aufregend, als ich beim Eintritt in die Geheimorganisation dachte.

In Marseille spielt sich ein Teil des gesellschaftlichen Lebens im Grand Hotel ab, in dem ich wohne. Die Bar ist Treffpunkt eines bunten Völkchens, wie ich es schon 1940 in Biarritz kennengelernt habe – bis auf die Deutschen. Man trifft hier Ausländer, die auf ein Schiff warten, oder Leute, die emigrieren wollen und in allen Konsulaten versuchen, ein Visa zu bekommen. Das Gesellschaftsleben ist sehr intensiv. Trotz meines Ärgers über Marie-Madeleine habe ich den Eindruck zu leben. Dies ist wirklich eine sehr ereignisreiche Zeit meines Lebens.

Ab sechs Uhr abends ist der Trubel im Grand Hotel auf seinem Höhepunkt. Man sitzt mit einer Tasse Tee oder einem Glas Whisky an einem Tisch zusammen. Eine Persönlichkeit hebt sich aus dieser seltsamen Atmosphäre heraus: Der uralte Baron Stein, ein Jude aus Mitteleuropa, durch und durch Pariser, der alle Leute kennt und alle miteinander bekannt macht.

Er ist ein sehr enger Freund der Schreiber-Crémieux, besonders von Suzanne Crémieux. Sie erscheint auch jeden Abend mit ihrer Tochter, meiner Freundin Marie-Claire, die zunächst Comtesse de Fleurieu, dann die Ehefrau des späteren Premierministers Pierre Mendès-France wird.

Am Tisch von Baron Stein treffe ich auch einen meiner »Krankenträger« vom Bahnhof in Biarritz, den verführerischen Michael Farmer, Ehemann von Gloria Swanson. Ich begegne dort auch einem undurchsichtigen Russen, Marc Perelmutter.

All diese »Geselligkeiten« scheinen von dem alten Baron Stein dirigiert zu werden, der immer begierig auf neuen Klatsch ist. Verschwand er nach meiner Verhaftung? Ich erfuhr später, daß er um diese Zeit herum gestorben ist.

Was fingen all diese offensichtlich unbeschäftigten Leute mit ihrer Zeit an? Was machten Rechtsanwalt Roger Jouasson und seine Frau Lise, die Schwester von Annette Martin, der späteren Frau Fraissinet, die alle unseren eleganten »Salon« besuchten? Vielleicht übten sie wie ich geheime Tätigkeiten aus? Das Leben all dieser Leute schien um achtzehn Uhr zu beginnen.

Mein Verhältnis, das ich erwähnte, ist beendet. Mein Ex-Freund ist auch in Marseille und rächt sich, indem er sich mit allen einigermaßen hübschen Frauen, die er trifft, zur Schau stellt und die alle – wie ich einst – für seinen Charme und sein stattliches Aussehen empfänglich sind. Im nachhinein erscheint mir das sehr kindisch. Aber damals hat sein Benehmen mich irritiert, und das war auch seine Absicht. Aus Ärger versuche ich mich zu betäuben. Ich gehe jeden Abend aus. Geselligkeiten haben mir schon immer Spaß gemacht.

Ich habe auch beständige, aufrichtige und treue Freunde. Marcel Moise zum Beispiel, den ich seit langem kenne. (Marcel, den der Krieg verschont hat, ist Milliardär geworden, aber vor zwei Jahren in tiefster Armut gestorben.)

In Marseille ist auch Auguste Darazon aus Martinique. Er ist Direktor der Bank Worms und kümmert sich um meine finanziellen Angelegenheiten. Er interessiert sich sehr für mich, so sehr, daß er mir später Pakete ins Gefängnis in Marseille schickt. Dann sind da noch Jean Nicolopoulo, ein griechischer Reeder mit seiner Frau Helene, die ein charmantes Paar bilden ...

An jedem Wochenende fahre ich zu meiner Familie nach Lavandou. Robert verbringt die meiste Zeit beim Fischen. Meine Schwägerin Jacqueline läßt sich in der Sonne bräunen, mein Neffe Eric plappert in seiner Wiege unter den zärtlichen Blicken seines Vaters. Mein Bruder Bobby brennt vor Ungeduld, sich de Gaulle in London anzuschließen. Marie-Claude durchstreift per Fahrrad oder zu Fuß mit den Kindern der Umgebung Wege und Hügel.

Mein Bruder erhält endlich die ersehnte Nachricht. Er verläßt uns, um seine Frau und seinen Sohn in der Nähe von Toulouse unterzubringen, bevor er zusammen mit dem Cineasten Jean-Pierre Melville seinen Weg durch die Berge und durch Spanien antritt. Robert bleibt allein, um zu fischen. Marie-Claude-Napoleon führt ihre Truppe an. Sie ist zehn Jahre alt. Ich finde sie entzückend mit ihrem runden Lockenkopf. Aber ich mache mir große Sorgen um sie. Sie ist immer von einer Bande Jungen umgeben, und ich fürchte, daß sie eines Tages einem ihrer Ritter enthüllt, daß sie Jüdin ist. Ich denke, sie braucht so einen Kreis um sich. Ich bin wegen meiner »Funktionen« in Marseille nicht oft genug bei ihr, und ihr Vater beschäftigt sich nur oberflächlich mit ihr.

Nach langem Zögern beschließe ich, wenn auch mit Bedauern,

sie in ein Pensionat zu schicken, und zwar in das berühmte Kollegium von Bouffémont, das sich in das Schloß de Bussole in Lapalisse, in der Nähe von Vichy, Departement Allier, zurückgezogen hat. Das Departement Allier ist für Juden verboten, und da niemand die Absicht haben wird, die provisorische Hauptstadt Vichy, wo sich Marschall Pétain aufhält, zu bombardieren, scheint mir dieser Ort sicher zu sein.

Die Direktorin Madame Pichon weiß, worum es geht und will sie aufnehmen. Ich fahre also mit Marie-Claude und einer anderen Mutter, die ihre drei Kinder aus ähnlichen Gründen hinbringt, mit dem Zug nach Vichy. Die Trennung ist schmerzlich. Ich betrachte Marie-Claude mit ihren zehn Jahren immer noch als mein Baby. Ich gebe ihr keine großen Verhaltensregeln mit auf den Weg. Ich rate ihr nur – mit Bedauern – zu lügen und niemals ihre Herkunft zu verraten, denn nur Madame Pichon weiß Bescheid. Natürlich wird sie sich mit einem, dann mit zwei oder drei Mädchen befreunden und ihnen unter dem Siegel der Verschwiegenheit ins Ohr flüstern, daß sie Jüdin ist, daß ihre Mutter jedoch nicht will, daß es jemand erfährt.

Ich kehre also nach Marseille zurück.

Hätte ich vielleicht versuchen sollen, das ruhige Leben in Lavandou, die Regelmäßigkeit der täglichen Gewohnheiten, die Geborgenheit der vereinten Familie, nicht zu vergessen das milde Klima, zu erhalten. Aber hätte dieses Leben andauern können? Hätte der Umstand, daß wir alle als Gruppe an einem festen Platz zusammengeblieben wären, uns nicht alle nach Auschwitz gebracht?

Auch die Resistance hat ihre Routine. Ich setze meine Pendelfahrten zwischen Marseille, Vichy und Paris fort, um Botschaften zu überbringen. Besonders gern fahre ich nach Paris, denn das ermöglicht mir, meinen Vater zu besuchen. Eine merkwürdige Episode beweist meine damalige naive Ahnungslosigkeit. Ich besuchte Marie-Claude, die bei meinen Freunden Netter in Cannes war. Als ich eines morgens in der Rue d'Antibes spazieren gehe, treffe ich eine Madame Weinstein, die ich bei gemeinsamen Freunden in Biarritz kennengelernt habe. Sie scheint sich zu freuen und lädt mich gegen Mittag zu einem Cocktail ein, den sie bei sich in einer der prächtigen Villen am Ende der Croisette gibt. Ich nehme die Einladung an. Ihre Gäste bilden eine sehr elegante und gemischte Gesellschaft. Sie stellt mir vor allem eine gewisse Madame Walter vor, eine entzückende Frau, die alle mit ihrem Vornamen Domenica ansprechen, und mit der ich mich lange unterhalte. Plötzlich ruft sie aus: »Mein Gott, ich komme zu spät, ich muß zum Bahnhof und einen Freund abholen, der einige Tage bei uns verbringen will.«

»Wer ist es?« fragt unsere Gastgeberin.

»Du kennst ihn nicht, er ist Arzt, Doktor Georges Loublié.«

»Aber das ist einer meiner besten Freunde«, sage ich.

»Grüßen Sie ihn von mir.«

Georges Loublié, Sohn eines hohen Beamten bei der Präfektur, und ich sind seit langem durch eine brüderliche Freundschaft verbunden. Er weiß alles über mein Leben.

»Was, Sie kennen Georges!« ruft Domenica Walter aus und lädt mich am selben Abend zum Diner ein, weil ich am nächsten Tag aus Cannes abreisen muß. Ich lasse mich von einem Taxi um acht Uhr zu ihrem Besitz, dem Schloß de l'Horizont bringen.

Ein livrierter Diener führt mich in den Park, wo sich ein Paar in einem herrlichen Swimmingpool amüsiert. Domenica Walter kommt mir auf einer eindrucksvollen Marmortreppe entgegen und stellt mir ihren Mann Jean Walter vor. Er ist ein sehr bekannter Architekt. Ihm gehören neben anderen Besitztümern auch die Minen von Zellidja, deren Zentrum in Boubeker, im Norden Marokkos, liegen. Ich glaube, ich habe noch nie ein schöneres und äußerlich harmonischeres Paar gesehen als Jean und Domenica Walter.

Die Badenden – der Bruder und die Schwägerin von Domenica – ziehen sich an und gesellen sich zu uns. Wir gehen nach oben ins Haus. Domenica hakt mich unter und schlägt mir vor, wir sollten vor Georges Loublié so tun, als wären wir seit unserer Kindheit befreundet. Amüsiert stimme ich zu und wir beginnen, uns zu duzen.

Kurz darauf kommt Georges herunter, aber die Überraschung fällt keineswegs so aus, wie wir es erwartet haben. »Was machen Sie denn hier?« fährt er mich an. Allgemeine Verlegenheit. Domenica hält an ihrer Idee der alten Freundschaft fest, aber Georges flüstert mir zu:

»Verschwinden Sie, so schnell es Ihnen möglich ist.« Wir gehen zu Tisch. Trotz der strengen Rationierungen gibt es natürlich ein ausgezeichnetes Diner, das von zwei Angestellten auf der Terrasse serviert wird.

»Was für ein herrlicher Abend«, sagt Domenica. »Wie schade, daß unser Gast plötzlich nach Paris fahren mußte und diesen Abend in so charmanter Gesellschaft nicht genießen kann.«

»Wer ist denn dieser Gast?« frage ich neugierig.

»Was, Sie wußten nicht, daß General Stulpnagel jedes Mal, wenn er in Cannes ist, bei uns wohnt?«

Mehr brauche ich nicht zu wissen, jetzt verstehe ich den Ärger von Georges. Nach unserem festlichen Essen schütze ich eine schreckliche Migräne vor, die zweifellos von der Sonne kommt, und entschuldige mich bei meiner »Jugendfreundin«. Georges erklärt, er könne mich in diesem Zustand nicht allein nach Hause fahren lassen. Die ganze Croisette lang bekomme ich die schönste Standpauke in meiner Karriere als Spionin zu hören.

Als ich am nächsten Morgen leichtfüßig zum Bahnhof eile, sehe ich auf der anderen Straßenseite einen alten Freund und rufe ihm einen fröhlichen Gruß zu. Er antwortet nicht und setzt seinen Weg fort, ohne mich zu beachten. Ich habe keine Zeit, mir darüber Gedanken zu machen.

Erst nach meiner Rückkehr aus Ravensbrück erfahre ich, daß ganz Cannes »wußte«, daß ich mit dem deutschen General Stulpnagel diniert habe. Deshalb hat mein alter Freund meinen Gruß nicht beantwortet. Er ist nach Auschwitz gekommen und hat nie erfahren, was ich getan habe. Pierre Netter bestätigte mir, wäre ich nicht »Heldin« geworden, hätte man mir nach der Befreiung sicherlich den Kopf geschoren wegen dieses Abendessens, an dem General Stulpnagel nicht einmal teilgenommen hatte.

In Wirklichkeit habe ich mit Deutschen nur gesprochen, wenn ich gezwungen war, mich an sie zu wenden oder in einer Zwangslage auf ihre Fragen zu antworten. Als ich einmal in Vichy von dem berühmten Playboy Porfirio Rubirosa, dem Ehemann von Danielle Darieux und diplomatischem Vertreter der Dominikanischen Republik, zu einem Empfang eingeladen war, verließ ich ostentativ den Salon, als zwei deutsche Offiziere in ihren Galauniformen eintraten. Die Vorstellung, mit ihnen Höflichkeiten auszutauschen, war mir unerträglich.

Da ich die Demarkationslinie immer illegal überschreite, helfe ich meinen jüdischen Freunden manchmal, meine Verbindungen zu nutzen. So sind die Eltern von Odette Netter, die Dreyfus, mit mir rübergegangen, ebenso wie Jean Cahen, ein Freund meines Mannes. Ich war sehr unbesonnen, wie man bemerkt hat. Wenn man mich um Hilfe bat, konnte ich nicht nein sagen. Auf diese Weise bin ich geschnappt worden und landete wieder bei der Polizei und im Gefängnis.

Am Tag nach der großen Verhaftungswelle, wo man Tausende Juden im Wintersportpalast in Paris zusammengetrieben hat, fahre ich wieder über Dax, Hagetmau, Pau nach Marseille. In meinem Koffer befinden sich die Pläne der Befestigungsanlagen von Dünkirchen, die mit unsichtbarer Tinte auf Packpapier gezeichnet sind, in das ich meine Pantoffeln eingewickelt habe. Diesmal habe ich zugestimmt, eine Bekannte Roberts, Violette Lehmann, über die Grenze mitzunehmen. Sie hat einen falschen Ausweis auf den Namen Valentine Lebond, den ich ihr über den Vater von Georges Loublié besorgt habe. Auch die Eltern von Freunden, die Lobbs, wollen mitkommen. Sie sind auch Juden, haben aber das Glück, Schweizer Staatsbürger zu sein. Sie haben so gedrängt, mitkommen zu dürfen, daß ich nachgegeben habe, aber ich bin nicht sehr begeistert. Wir haben vereinbart, daß wir im Zug getrennt fahren.

Mein Vater und Colonel Alamichel begleiten mich zum Bahnhof. Ich entdecke meine Reisegefährten inmitten einer aufgeregten Menschenmenge, die förmlich den Zug stürmt, wie sie in ein Abteil zweiter Klasse steigen.

Die meisten Juden, die Paris verlassen, reisen auf dieselbe Art und Weise. Doch nach den Massenverhaftungen der Juden am Vortag ist es leichtsinnig, gruppenweise im selben Zug zu fahren. Selbst mein Vater dürfte nicht mit uns auf dem Bahnsteig sein.

Das ist leider der letzte Augenblick, den wir zusammen verbringen. Ich werde ihn nie wiedersehen.

Trotz des dichten Gedränges verliere ich die Lobbs und Violette Lehmann nicht aus den Augen. Sie sind allerdings nicht zu übersehen. Dabei hatte ich ihnen geraten, sich so einfach und unauffällig wie möglich anzuziehen. Aber Herr Lobb versteht unter Einfachheit ein Paar Golfknickerbocker, eine Tweedjacke, die an den Ärmeln etwas abgewetzt ist, damit sie ganz leger wirkt, sowie eine Baskenmütze. Seine Frau hat bescheidenerweise ein Kostüm der Modefirma Hermès und eine über dem Ohr brav hochgeschlagene kleine Kappe gewählt, um wie eine Bäuerin auszusehen.

Die Vorstellung, dieses elegante Paar um die sechzig, das sich auf eine Art verkleidet hat, die es für einfach und ländlich hält, illegal über die Demarkationslinie zu bringen, beunruhigt mich sehr. Da ich bei meiner Ankunft in Dax nicht zu müde sein will, beschließe ich, im Schlafwagen zu fahren. Leider gibt es in dem für Franzosen zugeteilten Kontingent keine Schlafwagen. Der Schaffner schlägt mir vor, mir ein Bett in dem für Deutsche reservierten Teil des Zuges zu besorgen. Ich nehme an. Ich habe mich kaum hingesetzt, als der Schaffner klopft: »Es tut mir leid, Madame, aber dieses Abteil hat zwei Betten, und da man in Kriegszeiten keinen Unterschied zwischen männlichen und weiblichen Reisenden macht, muß ich das zweite Bett einem Offizier geben, der nach Biarritz fährt und einen Platz verlangt. Wenn Sie das stört, geben Sie Ihr Bett auf und Sie bekommen Ihr Geld zurück.«

»Das stört mich nicht, vorausgesetzt, der Herr nimmt das obere Bett und Sie wecken mich leise vor der Ankunft in Dax.«

Der deutsche Offizier tritt ein, küßt mir die Hand und setzt sich neben mich, da die Betten noch nicht hergerichtet sind. Er bestellt eine Flasche Champagner. Wir stoßen an – aber ich glaube doch nicht, daß wir einen Toast auf den Sieg des Großdeutschen Reiches ausgebracht haben. Er sagt mir, daß ich charmant bin und fragt, wo ich hinfahre. Ich erwidere, daß ich in Dax aussteige und das untere Bett haben möchte. Ich würde versuchen, ihn nicht zu wekken. Aber am nächsten Morgen ist er schon vor mir aufgestanden, er blickt mir beim Aussteigen nach und bedauert, daß ich nicht bis Biarritz fahre.

In Dax treffe ich mich wie immer mit Morel, dem Besitzer der Autowerkstatt, in einem Café. Diesmal sagt er mir, es sei unmöglich, über die Demarkationslinie zu kommen. Nach den siebentausend Verhaftungen am Vortag wäre es zu gefährlich, in das zwanzig Kilometer entfernte Hagetmau hinüberzukommen. Die deutsche Polizei sei in höchster Alarmbereitschaft. Ich beharre darauf, ohne ihm jedoch erklären zu können, warum ich unbedingt hinüber muß. Er schlägt mir vor, mit dem Autobus zu fahren, der täglich um neun Uhr dreißig vom Platz abfährt und vier Stunden später in Hagetmau ist. Das Ehepaar Lobbs und Violette Lehmann wollen unbedingt mit mir mitkommen. Ich versuche sie zu überzeugen, daß es besser ist, ein oder zwei Tage in Dax zu warten, bevor sie mit Monsieur Morel nachkommen. Sie aber lehnen ab und bestehen darauf. Und ich gebe – dummerweise, wie ich gestehen muß – nach. Sie steigen also in den Autobus, sitzen aber nicht neben mir. Unsere Gruppe wurde schon in Dax im Café zusammen gesehen, und es besteht die Gefahr, daß sie bei unserer Ankunft in Hagetmau, wo es nur ein einziges Café gibt, nicht unbemerkt bleibt. Die Besitzerin des Cafés, Madame Jambon, die mir die Schleuser besorgt, meint auch, daß es Wahnsinn sei, rüberzugehen. Auf mein Drängen schickt sie mir aber doch einen Schleuser, der uns während der Siesta mitnehmen soll. Der Ort ist mittags wie ausgestorben, da seit einigen Tagen sengende Hitze herrscht.

Um ein Uhr sind wir also unter glühender Sonne auf menschenleeren Straßen unterwegs: Kein Deutscher, kein Franzose. Am Ende des Aufstiegs, kaum einige hundert Meter vor der Demarkationslinie, machen wir müde auf einer Steinbank Rast.

In diesem Augenblick kommen zwei Feldgendarmen auf Fahrrädern vorbei, denen diese vier Personen, die da sitzen und sich die Stirnen trocknen, verdächtig vorkommen. Sie fragen nach unseren Papieren. Allein hätte ich in meinem leichten Sommerkleid vielleicht keine Schwierigkeiten gehabt. Aber da wir so zusammensitzen, können sie – trotz meiner Beteuerung – schwer glauben, daß wir ganz unschuldig spazierengehen. Wir müssen mit ihnen wieder zur Polizeistation von Hagetmau hinuntersteigen, um »die Sache näher zu betrachten«. Die Polizeistation ist knackend voll von unglücklichen Glaubensbrüdern, die versucht haben, über die Grenze zu kommen und nun jammern, weil sie gefaßt wurden. Einige schreien. Madame Lobbs verliert die Nerven. Ein deutscher Offizier ohrfeigt eine junge Jüdin, die ihm ins Gesicht gespuckt hat, dadurch fällt ihre Brille herunter und zerbricht. Diese peinliche Szene ruft bei mir ein irres nervöses Lachen hervor. Der Offizier fragt mich nach dem Grund. »Es ist das erste Mal«, antwortete ich, »daß ich erlebe, daß ein Mann eine Frau ohrfeigt, auch wenn sie ihm ins Gesicht gespuckt hat.« Er antwortet nicht, sieht mich an und verläßt den Raum. Einige Minuten später werde ich zum Hauptmann gerufen. Ich mache mich auf das Schlimmste gefaßt. Zu meiner großen Überraschung fragt mich der Offizier, ob alle Französinnen so schöne Beine haben wie ich. Ich antworte ihm, meiner Meinung nach sei das bei den meisten der Fall.

Diese Antwort scheint ihm ganz natürlich zu sein. Das ist mein Glück. Ich werde viele Male durch meine unbefangene Ausdrucksweise gerettet. Meine Antworten erwecken niemals den Eindruck einer Provokation oder einer Verstellung. Einige haben mich um diese Selbstsicherheit beneidet, die sie für Dreistigkeit, für eine unerhörte Dreistigkeit halten, die aber Teil meines Charakters ist. In der Polizeistation nimmt man uns unsere Taschen und unsere Papiere ab – das war noch das wenigste. Die Lobbs haben gültige Papiere, die zum Glück nicht die Bezeichnung »Jude« tragen. Aber als man ihnen, um sicher zu gehen, die Frage stellt: »Sind Sie Juifs (Juden)?«, antworten sie ohne nachzudenken: »Ja«. Sie haben verstanden:

»Sind Sie Suisses (Schweizer)?« Sie hatten solche Angst, daß man ihnen die Frage nach ihrer Herkunft stellen könnte – im Gegensatz zu mir –, daß sie sich gar nicht vorstellen konnten, daß man sie ihnen tatsächlich stellte. So ging es auch vielen anderen Juden. Während ich niemals der Überzeugung war, daß ich Jüdin sei und daß jemand von mir Rechenschaft darüber verlangen könnte. Deshalb habe ich niemals im geringsten gezögert, mit absoluter Sicherheit das Gegenteil zu behaupten, wenn man mir diese Frage stellte. Hätte ich den geringsten inneren Zweifel gehegt, und sei es auch nur für den Bruchteil einer Sekunde, wäre ich nicht mehr auf dieser Welt, um Zeugnis abzulegen. Wenn man mir vorwirft, ich sei so selbstsicher oder was auch immer, läßt mich das völlig gleichgültig.

»Dreckige Juden kaputt«, schreit der Hauptmann die Lobbs an. Er schickt sie in den Teil des Raumes, wo die anderen Juden sind und klagen. Madame Lobbs stöhnt: »Odette, was kann man tun?« Das ist mir schrecklich unangenehm, und ich tue weiter so, als würde ich sie kaum kennen.

In diesem Augenblick tritt ein Gendarm auf Violette Lehmann zu, zeigt ihr einen Ausweis und fragt, wem er gehöre. »Meiner Cousine«, antwortet sie, nachdem sie einen Blick auf das Dokument geworfen hat, auf dem sich das gleiche Foto befindet, wie auf der Karte, die sie selbst vorgezeigt hat. Der Gendarm bricht in Gelächter aus. Er hat auch allen Grund, denn sie hat die unentschuldbare Unvorsichtigkeit begangen, in ihrer Handtasche den echten Personalausweis mitzunehmen, während sie den falschen auf den Namen Valentine Lebon vorzeigte, den ich ihr besorgt habe.

Der Hauptmann schickt sie sofort auf die Seite der Juden hinüber. Wir sind noch drei auf der anderen Seite: Zwei junge Männer, einer ist der Fleischer aus Biarritz, und ich. Man läßt mir ein Omelett bringen, was ich mit den anderen zu teilen versuche.

Ein neuer Zwischenfall läßt die Spannung steigen. Ich hatte einen Brief bei mir, den mir André Baur, der Präsident der Vereinigung der Juden Frankreichs, in Paris für seinen Bruder Louis, Delegierter der Vereinigung in Marseille, mitgegeben hatte. Darin berichtet er, wie die Deutschen am Vorabend in die Synagoge in der Rue de la Victoire eingedrungen sind, das Tabernakel geöffnet und auf die Gesetzestafeln uriniert hatten. Er hatte mich gebeten, seinem Bruder diesen Brief zu überbringen, damit er diese Tatsachen bekannt mache. Dieses Schreiben enthielt keine Geheimnisse, aber wenn man es bei mir fand, würde es beweisen, daß ich judenfreundlich war. Deshalb hatte ich es sofort beim Betreten der Polizeistation in tausend Schnipsel zerrissen und unter einen Stuhl in der anderen Hälfte des Raumes geworfen. Und genau auf diesen Stuhl wird sich Violette Lehmann setzen, abseits von den »dreckigen Juden«. Als die Deutschen sie zum Verhör rufen, bemerken sie die Papierschnipsel. Sie brüllen rum und fangen an, das Puzzle zusammenzusetzen.

Ich melde mich und schlage dem Hauptmann vor, ihm zu helfen, damit es schneller geht. Der Brief ist bald entziffert. Der Offizier fragt mich: »Weshalb geben Sie sich mit diesen Leuten da ab?«

»Aber für uns sind das Menschen wie alle anderen.«

»Für Sie sind Juden Menschen wie alle anderen?«

»Ja, für uns Franzosen sind die Juden Menschen wie alle anderen.«

»Was wollten Sie mit diesem Schreiben tun?«

»Ich traf gestern jemanden in Paris, dem ich sagte, daß ich nach Marseille fahre, und er bat mich, diesen Brief mitzunehmen.«

»Warum fahren Sie ohne Genehmigung nach Marseille?«

»Ich habe einen Ausweis beantragt, um meine Tochter zu besuchen, die ihre Ferien im Süden verbringt, ihn aber noch nicht erhalten. Da ich beim Roten Kreuz nur vier Wochen Urlaub habe, bin ich ohne Genehmigung rübergegangen. Es war vielleicht nicht richtig, aber es war die einzige Möglichkeit, meine Tochter wiederzusehen.«

»Gut«, sagte er, »Sie werden sehen, was ich mit diesem Brief mache.« Er zerriß ihn noch mal und warf ihn weg, dann fügte er hinzu: »Wenn ich Ihnen einen Rat geben kann: Kümmern Sie sich nicht mehr um diese Leute da, denn das könnte Sie teuer zu stehen kommen.«

Nachdem die »jüdische Frage« gelöst war, ging es um das Schicksal der Verhafteten. Der Hauptmann sagte mir, man werde alle ins Gefängnis Mont-de-Marsan bringen, mit mir wolle er später reden.

Gegen neun Uhr abends kam ein Lastwagen mit Verdeck an. Der Hauptmann trat mit zwei Soldaten aus seinem Büro und befahl uns, auf den Lastwagen zu steigen. Ich setzte mich neben Violette Lehmann. Die Deutschen schrien wieder »dreckige Juden, dreckige Juden« und schossen in die Luft, um die Gefangenen zu erschrekken. Der Hauptmann hält es für angebracht, einen Soldaten zwischen Violette und mich zu setzten. Dennoch höre ich, wie sie mich fragt: »Sie unternehmen nichts?«

Ich frage mich, was ich wohl hätte tun können, ein Soldat mit aufgepflanztem Bajonett zwischen uns beiden. In Mont-de-Marsan werden wir getrennt. Ich habe sie niemals wiedergesehen, sie wurden nach Drancy bei Paris gebracht, in das große Sammellager für Juden vor ihrer Deportation in deutsche Konzentrationslager. Die Lobbs haben nach Intervention des Schweizer Konsulats den Rest des Krieges im Krankenhaus Rothschild verbracht. Ihre Kinder, die nahe Freunde von mir waren, haben nie wieder mit mir gesprochen. Violette wurde nach Auschwitz deportiert, ist aber wiedergekommen. Ich glaube, sie lebt noch. Auch sie hat seitdem nicht mehr mit mir gesprochen. Sicher haben sie nie verstanden, daß das, was ich zu retten versuchte, nicht nur mein eigenes Leben war, sondern die Pläne, die ich bei mir hatte. Die Doppeldeutigkeit meiner Unterhaltung mit dem Hauptmann muß ihnen wie Verrat vorgekommen sein. Dem Himmel sei Dank, daß der Krieg nicht schlimmere Mißverständnisse hervorgebracht hat als diese.

Der Gefängniswächter in Mont-de-Marsan erklärt mir, der deutsche Transportbegleiter habe angeordnet, mich früh um acht mit Kaffe und Croissants zu wecken. Noch besser als in Beaune.

Nach dem Frühstück holen mich zwei sehr höfliche Soldaten ab und bringen mich mit den beiden jungen Männern vom Vortag zur Gendarmerie von Mont-de-Marsan. Da erfahre ich, daß der Hauptmann, der mir gesagt hat, ich hätte schöne Beine, Chef der Feldgendarmerie dieser Stadt ist. Er war am Vortag nur in Hagetmau, weil er die Verhaftung von jüdischen Flüchtlingen erwartet hat, die versuchen würden, die Demarkationslinie zu überschreiten. In einem korrekten Französisch, trotz eines etwas komischen Akzents, macht er mir einen Vorschlag, den er sicher für elegant und ritterlich hält: »Madame, wir wissen nicht, wo wir mit all diesen verhafteten Juden hin sollen. Wenn wir Sie im Hotel unterbringen, geben Sie uns dann Ihr Wort, nicht zu fliehen?« Ziemlich blöd antworte ich ihm, es sei die Pflicht eines Gefangenen zu fliehen, daher sei es ausgeschlossen, daß ich ihm mein Wort gebe. »Also bringen wir Sie nicht ins Hotel«, antwortet er.

»Wir haben heute Sonnabend, der Oberst kommt erst Dienstag. Bevor er nicht sein Einverständnis gegeben hat, kann ich Sie nicht freilassen. Haben Sie Geld für eine Kaution?«

»Ich habe dreizehntausend Francs«, antworte ich und nehme die Tasche entgegen, die er mir reicht. Ich öffne sie, um meine Puderdose herauszunehmen, vor allem aber um festzustellen, ob meine Pantoffeln noch da sind, gut eingewickelt in den Plänen von Dünkirchen. Wenn sie sie durchwühlt haben, ist ihnen nichts aufgefallen.

»Also, wieviel können Sie geben?«

»Wieviel wollen Sie? Ich muß etwas behalten, um bis Marseille zu kommen.«

»Können Sie zehntausend Francs einzahlen?«

»Wenn Sie es wünschen«, antworte ich und reiche ihm das Geld.

»Ich werde eine Quittung holen. Da Sie nicht ins Hotel wollen, kann ich Sie an diesem Nachmittag nach Biarritz mitnehmen, und wir können das Wochenende dort verbringen.«

Mir erstarrt das Blut in den Adern. In Biarritz, wo mich jeder kennt, alle Bäcker, Fleischer und Gemüsehändler, dort soll ich mit einem deutschen Offizier auftauchen, der ein Auge auf mich geworfen hat, der abstoßend ist mit seinem roten Gesicht und seinem lächerlichen Monokel.

Er nimmt meine zehntausend Francs, erhebt sich und verläßt das Büro, um eine Quittung zu holen.

Da ich allein im Raum bin, nähere ich mich dem Fenster, öffne es und erblicke auf dem Bürgersteig Madame Jambon, die mir einen überraschten und unzufriedenen Blick zuwirft und vorbeigeht, ohne meinen Ruf zu beachten. In diesem Moment wird mir klar, daß es sich um eine Glastür handelt, die direkt auf die Straße führt.

Ich nehme meine Tasche und gehe ruhig hinaus. Draußen streiche ich an der Wand entlang und biege die erste Straße rechts ein. Ein Passant, den ich frage, erklärt mir, daß der Bahnhof nur fünfzig Meter entfernt ist. Ich atme auf und versuche, nicht zu rennen. Auf dem Bahnhof löse ich von den restlichen dreitausend Francs eine Fahrkarte nach Dax. Bis zur Ankunft des Zuges, der nicht lange auf sich warten läßt, verstecke ich mich auf der Toilette. Nachdem ich mich versichert habe, daß kein Deutscher in Sicht ist, eile ich auf den Bahnsteig.

Eine Viertelstunde später bin ich in Dax und gehe geradewegs in die Autowerkstatt Morels. Der ist zutiefst erschrocken, als er mich sieht, denn er hat von meiner Verhaftung erfahren. Ich erzähle ihm, daß ich gerade durch einen glücklichen Zufall geflohen bin, jetzt aber unbedingt hinüber muß. Das ist um so wichtiger, da ich jetzt gesucht werde. »Das wird ziemlich teuer werden«, kündigt er mir an. Da ich nur noch das Wechselgeld meiner dreitausend Francs habe, gebe ich ihm einen Brief für meinen Notar in Bayonne, Maître Moulonguet, der ihm die geforderte Summe von 15 000 Francs auszahlen soll. Ich reise unter meinem richtigen Namen und kann also nicht ins Hotel gehen. Aber da ist ja der Jahrmarkt.

Morel rät mir, den Abend dort zu verbringen, in der Menge unterzutauchen, von einem Vergnügungsstand zum anderen zu schlendern. Um Mitternacht würde ein Schleuser mich am Schießstand erwarten. Eine andere Lösung gibt es nicht. Ich verberge mein Gesicht so gut es geht unter einem Hut, der zusammengerollt in meiner Reisetasche geblieben ist, und wage mich – nicht gerade beruhigt – auf den Jahrmarkt von Dax. Welche Überraschung. Plötzlich steht meine Pariser Maniküre vor mir. Sie ist auf ihrer Hochzeitsreise und fällt mir um den Hals. Sie ist rumänischer Herkunft und hat gerade einen Franzosen geheiratet. Sie wollte gern mit ihrem Mann an die Côte d'Azur fahren, aber sie haben keinen »Ausweis«, um die Demarkationslinie zu überschreiten. Sie sind nach Dax gekommen, weil sie gehört haben, daß man hier ziemlich leicht eine Möglichkeit findet, hinüberzukommen.

Nach kurzer Überlegung schlage ich ihnen vor, das Abenteuer mit mir zu wagen. Sie brauchen nichts zu bezahlen, und zu dritt riskiert man viel weniger, überwacht zu werden.

Nachdem wir alle Stände angesehen haben, treffen wir um Mitternacht die drei Männer, die mich rüberbringen sollen. Wir folgen ihnen. Einer geht voraus, der zweite mit uns, und der dritte bleibt hinter uns, um unser Hinterland zu überwachen. Wir marschieren sieben Kilometer. Als sie uns allein lassen, sind wir in der freien Zone. Zweihundert Meter weiter ist ein Bauernhof, wo man über unsere Ankunft Bescheid weiß und wir die Nacht in der Scheune bleiben können.

Wir treffen dort viele Juden, die sich gegenseitig abfragen: »Hast du meinen Vater gesehen, meine Mutter, meine Tochter, meinen Sohn, einen soundso ...?« Es fällt mir schwer, wenigstens geistig abzuschalten und nur an meinen Auftrag zu denken, den ich erfüllen muß, koste es , was es wolle. Wir bleiben bis Sonnenaufgang im Stroh. Nachdem ich mich informiert habe, wo wir uns befinden, gehe ich zu einem anderen Bauernhof, der ein Telefon besitzt, um den Portier im Hotel de France in Pau zu bitten, mir ein Auto mit Holzgasgenerator zu schicken.

In Pau verabschiede ich mich von der Maniküre und ihrem jungen Ehemann. Ich habe sie niemals wiedergesehen. Ist sie nach Paris zurückgekehrt? Sie arbeitete im Salon von Fernand Aubry. Als ich aus Ravensbrück zurückkam, schickte er mir freundlicherweise eine ganze Equipe ins Haus, um mich zu frisieren und zu schminken. Er bat mich, ihm jedesmal Bescheid zu sagen, wenn ich die Absicht hätte, seinen Salon aufzusuchen. Er wollte vermeiden, mir zu begegnen, weil seine eigene Frau in Auschwitz umgekommen war. Ich bin niemals wieder in seinen Salon gegangen, weil ich ihn nicht in Verlegenheit bringen wollte.

Als ich im Hotel de France in Pau ankomme, bleibt mir fast das Herz stehen. In einer Ecke erblicke ich eine Gruppe deutscher Offiziere, darunter denjenigen, mit dem ich im gleichen Schlafwagenabteil gereist bin. Der Portier macht mich darauf aufmerksam, daß sie mich mit besonderem Interesse betrachten. Ich habe keine Zeit mehr zu verschwinden. Sie rufen den Portier, der sein Gespräch mit mir unterbricht und zu ihnen geht. Ich errate, daß sie über mich sprechen. Er kommt zurück und sagt mir, daß die Herren mich einladen, ein Glas mit ihnen zu trinken. Kann ich ablehnen?

»Sagen Sie ihnen, ich bin einverstanden, ich bringe nur meine Tasche hoch und komme dann herunter.« Ich habe immer noch meine Pläne in meiner berühmten Tasche.

Ich kehre in die Hotelhalle zurück und wir stoßen in einer sehr mondänen Atmosphäre an. »Mein« Offizier sagt, er dachte, ich sei in Dax. Ich gebe vor, auch in Pau Freunde zu haben, die ich besuchen wolle. Deshalb sei ich für vierundzwanzig Stunden herübergekommen, ich würde morgen wieder nach Dax zurückfahren. Außerdem sei es schwierig, in Dax um diese Zeit eine Kur zu machen.

Nach einigen Minuten Konversation schütze ich Müdigkeit nach der Reise vor und verabschiede mich.

Der Portier, der alles hört, alles sieht und deutsch spricht, reicht mir den Zimmerschlüssel und flüstert mir zu, daß meine charmanten Gastgeber die Gestapo angerufen haben, mich morgen um sechs Uhr abzuholen. Er habe mir deshalb ein Taxi für fünf Uhr bestellt.

So stehe ich vor dem Morgengrauen auf und fahre mit dem ersten Zug nach Marseille. Kommandant Fay und Marie-Madeleine, denen ich ein Telegramm geschickt habe, holen mich und die berühmten Pläne am Bahnhof ab und begrüßen mich herzlich.

Sie feiern mich wie eine »Heldin«. Marie-Madeleine behauptet sogar, sie hätten vorgehabt, das Gefängnis von Mont-de-Marsan zu stürmen, um mich – mit meinen Geheimplänen – zu befreien. Ich glaube ihr nur die Hälfte, so verrückt erscheint mir die Idee. Doch bei Anhängern von illegalen Aktionen dieses Kalibers ist nichts unmöglich.

Von diesem Tag an nehmen die Dinge in unserer Widerstandsgruppe eine schlechte Wendung für mich. Ich bekomme Fay nicht mehr zu sehen. Ich erhalte keine Aufträge mehr von ihm. Ich habe nichts mehr zu tun. Marie-Madeleine schließt sich stundenlang mit unserem Chef und anderen Mitarbeitern, unter ihnen Louis Jacquinot, dem späteren Marineminister, und dem Herzog von Agenta ein. Sie läßt mich manchmal sehr lange in dem Büro neben ihrem warten. Wenn die Tür aufgeht, gebärdet sie sich wie eine überlastete Verschwörerin. Ich vertrage diese Herrschsucht sehr schlecht. Ich bin bereit, meine Person, meine finanziellen Mittel, meine Zeit bedingungslos in den ausschließlichen Dienst meines gedemütigten Vaterlandes zu stellen, nicht aber, mich von einer Frau anschnauzen zu lassen, die glaubt, daß ihre – durchaus vorhandene – Intelligenz, ihr unbestreitbarer Charme und ihre Schönheit sowie ihr ungewöhnlicher körperlicher Mut sie dazu berechtigen, alle anderen, die sich ihr nicht unterordnen wollen, als Bürger zweiter Klasse zu behandeln.

Übrigens verdächtige ich sie, daß sie hauptsächlich für den englischen Geheimdienst arbeitet und die von den Geheimdiensten des Freien Frankreich geschaffenen Strukturen mißachtet. Sie lehnte es ab, mich mitzunehmen, als die beiden Flugzeuge vom Typ Lysander landeten, aber sie teilte mir großzügig zwei Stückchen englische Seife und eine Stange Zigaretten zu, bewahrte aber Stillschweigen über alle Dinge von wirklichem Interesse: Pläne, Projekte oder Geld zum Unterhalt unserer Widerstandsgruppe oder der Kameraden, die finanziell weniger unabhängig sind als ich. Ich entschließe mich, die Organisation zu verlassen und mir meine Freiheit wieder zu nehmen – trotz der hohen Achtung und der aufrichtigen Freundschaft, die ich für Kommandant Fay empfinde, und der Wertschätzung, die ich trotz alledem Marie-Madeleine entgegenbringe.

Dieser Mißerfolg in meiner »Karriere« als Widerstandskämpferin fällt in die gleiche Zeit, da ich auch in meinem persönlichen Leben eine Krise durchmache. Der Bruch mit meinem »schönen Verehrer« hatte sich ohne Drama vollzogen. Doch mit dem zeitlichen Abstand, als mir klar wurde, daß ich einen Menschen geliebt habe, der es zweifellos nicht wert war, fühlte ich mich frustriert und war auf mich selbst wütend. Mein Mann Robert hätte mir diesen Verrat im Interesse unserer Tochter und wegen seiner eigenen zahlreichen Treulosigkeiten sicher verziehen. Doch seine negative Reaktion auf meinen Entschluß, mich bei illegalen Aktionen zu engagieren, hat mich sehr enttäuscht und hielt mich von dem Versuch einer Annäherung ab.

Als ich diese Entscheidung traf, war meine Tochter gerade in Cannes bei der Familie Netter. Ich fuhr also zu ihr. Als ich in Cannes aus dem Bahnhof trete, stehe ich plötzlich Colonel Alamichel, dem Pariser Verbindungsmann von Kommandant Fay, gegenüber, für den ich die schwierige Mission mit den Plänen von Dünkirchen erfüllt habe. Er ist offensichtlich erfreut, mich zu sehen und lädt mich zum Mittagessen ein. Er ist in Begleitung eines Kameraden, den er unter dem Namen Fred vorstellt und der mir ohne die geringste Vorsicht erzählt, daß er vor wenigen Stunden in einem britischen Unterseeboot an der Küste gelandet ist.

Während des Essens teilen mir meine Gastgeber mit, daß sie sich auch entschlossen haben, die Gruppe Fay zu verlassen, weil sie erfahren haben, daß Marie-Madeleine ausschließlich für den britischen Intelligence Service arbeitet. Sie sind der Meinung, daß es die Pflicht jedes französischen Widerstandskämpfers ist, den Befehlen von General de Gaulle und seinen Beauftragten zu folgen. Sie fordern mich auf, meine illegale Tätigkeit in Marseille wieder aufzunehmen, aber als Vertreterin einer neuen Widerstandsorganisation, die gerade gegründet wird und die sich über die ganze Küste erstrecken soll. Dieses Netz nennt sich später »O. C. M.-Centurie«. Ich erkläre mich einverstanden, die Leitung der Gruppe in Marseille zu übernehmen. Vorher möchte ich drei Tage mit meiner kleinen Tochter verbringen und in Marseille einige Abrechnungen mit Kommandant Fay klären, denn ich war die Schatzmeisterin der »Alliance«.

In der Woche darauf treffen wir uns wieder im »Cintra«. Als erstes müssen wir ein Haus für unser Hauptquartier finden. Uns wird ein ziemlich heruntergekommenes Gebäude in einem großen Garten angeboten. Es liegt weit vom Stadtzentrum entfernt, hinter dem Bahnhof Blancarde. Sein Vorteil ist, daß es zwei Eingänge besitzt: einen von der Rue Cas, den anderen von der Sackgasse Cas. Im Erdgeschoß befindet sich eine große Küche, wo drei oder vier Personen ihre Mahlzeit einnehmen können, sowie ein Wohnzimmer mit Telefon. Im ersten Stock sind vier Schlafzimmer mit Toiletten und ein Bad. Hier könnten wir auch Kameraden aufnehmen, die einen Unterschlupf brauchen. Im Garten sind auch zwei kleine Schuppen, einer soll für den Gärtner sein, den wir jedoch nie zu sehen bekommen, der andere, hinter Büschen verborgen, ist voll alter Holzreste und zerlöcherter Kochtöpfe, er wird uns noch sehr nützlich sein. Meine zweite Aufgabe besteht darin, mit Pierre Ferri-Pisani Verbindung aufzunehmen. Er ist der Leiter des »Hauses der Seeleute«, Vorsitzender der Seeleutegewerkschaft und in diesen Funktionen der unbestrittene »Patron des Hafens« von Marseille. Von ihm hängt der Erfolg unserer Organisation in der Region ab. Aber er ist so abgeschirmt, als würde er in einer Festung leben, und es ist nicht einfach, mit ihm in Kontakt zu treten.

Ich beginne damit, im Hafen herumzustreifen, nicht ohne leichten Widerwillen, denn die Leute, denen ich begegne, flößen mir kein Vertrauen ein. Meine Aufmachung einer gepflegten Bürgerin muß auch ungewöhnlich erscheinen. Meine Nachforschungen sind enttäuschend. Die erste Person, an die ich mich wende, ist eine Zeitungshändlerin. Sie hat niemals, wirklich niemals etwas von einem Monsieur Ferri-Pisani gehört. Ich forsche ohne mehr Erfolg in den Bars von Joliètte nach. Meine Hartnäckigkeit muß Mißtrauen erregen, denn nach drei Tagen spricht mich ein junger Mann höflich an: »Was wollen Sie von Monsieur Ferri-Pisani?«

»Ihn sprechen.«

»Kommen Sie morgen um zwanzig Uhr dreißig ins ›Café des Marins‹, fragen Sie nach Joseph«, antwortet er nach einigem Zögern.

Ich habe den Eindruck voranzukommen, langsam zwar, aber voranzukommen.

Am nächsten Abend gehe ich natürlich zu der Verabredung. Mein junger Mann vom Vorabend steht hinter der Bar im »Café des Marins«. Er hebt den Telefonhörer ab, um mich bei jemanden zu melden. Ich höre, wie er, sicher auf die Frage nach einer Personenbeschreibung, antwortet: »Sie ist groß, ziemlich hübsch, jung, braun, etwas zu elegant.« Dabei habe ich angezogen, was ich für meine einfachsten Sachen hielt: ein schwarzes Kostüm mit Kragen und Aufschlägen aus Samt. Ich trage weder Hut noch Handschuhe, wie das in Kreisen der »guten Gesellschaft« allgemein üblich ist.

Joseph, der junge Mann, fordert mich auf, ihm zu folgen. Er führt mich eine gute Viertelstunde durch das Labyrinth der Gassen im Innern des Hafenviertels. Wir erreichen schließlich den Hof eines schönen Gebäudes. Im zweiten Stock öffnet uns ein junges Dienstmädchen. Sie führt mich in ein Arbeitszimmer, das gleichzeitig Bibliothek ist, und bittet mich zu warten. Ich nehme mir irgendein Buch zum lesen. Es ist zufällig das »Kapital« von Marx.

Kurz darauf höre ich eine ironische Stimme hinter mir: »Da ist ja die femme fatale, die mich überall sucht, die meine arme Zeitungshändlerin beunruhigt, und die dazu noch das ›Kapital‹ liest ... Verstehen Sie etwas von Karl Marx?« Wütend und gekränkt drehe ich mich um: »Warum sollte ich nicht das ›Kapital‹ verstehen?«

Pierre Ferri-Pisani steht mir gegenüber, lacht wie ein Kind über meine Wut und fragt mich nach dem Grund meines geheimnisvollen Besuchs.

Ich erkläre ihm, was wir unternehmen wollen. Er allein, sage ich, sei in der Lage, uns regelmäßig mit Nachrichten darüber zu versorgen, was im Hafen von Marseille vor sich geht. Er nimmt sofort an, stellt jedoch die finanzielle Frage. Wir sind nicht reich, denn wir haben gerade das Haus in der Sackgasse Cas gemietet. Er überlegt, erhebt sich und verläßt einen Augenblick den Raum. Er kommt mit einem Diamanten wieder, der vielleicht seiner Frau gehört, und fragt mich, ob ich ihn verkaufen könne, denn er selbst dürfe nicht in Erscheinung treten. Ich erzähle ihm von meinen freundschaftlichen Beziehungen zu den bekannten Juwelieren Van Cleef und Arpels, die leider in Vichy sind. Er bittet mich, sie da aufzusuchen. Am nächsten Tag bin ich bei Nénette Puissant, der Tochter von Van Cleef, und erkläre ihr das Problem. Sie gibt mir sehr viel mehr, als wir erhofft hatten.

Als ich mit dem Geld in meiner Handtasche wiederkomme, ist die Kränkung, die ich durch die Bemerkung des Gewerkschaftschefs über meine Lektüre empfunden hatte, wieder ausgeglichen.

Nénette Puissant hat sich acht Tage später aus Angst vor den Deutschen, die in Vichy sind und wissen, daß sie Jüdin ist, das Leben genommen.

Ein neues Leben beginnt. Eines mehr. Sehr bald entdecke ich die schillernde Marseiller Unterwelt. Nicht die des Grand Hotels, sondern die des Hafens, der Strolche und Gangster und auch der Helden. Ich verkehre völlig bedenkenlos im berüchtigten »Milieu« von Marseille, jedenfalls in dem Teil, der sich entschlossen hat, gegen die Okkupanten zu kämpfen. Einige Seiten dieser Leute, die ich ohne den Krieg nicht kennengelernt hätte, beeindrucken mich. Sie strahlen eine menschliche Wärme aus, wie ich sie selten in meinen Gesellschaftskreisen angetroffen habe. Vielleicht gibt es auch in mir selbst eine unbewußte und verborgene Seite einer Kanaille? Diese Seite scheint mir nicht mehr unvereinbar mit meinem Kostüm von Lanvin und meinem Snobismus, vor allem, da es mir schwierig scheint, meinen Snobismus zu definieren. Paul Valéry, glaube ich, hat gesagt, ein wahrer Snob will nicht zugeben, daß er sich langweilt, wenn er sich langweilt und daß er sich amüsiert, wenn er sich amüsiert. Das ist bei mir nicht der Fall. Mein Snobismus besteht darin, daß ich nicht gerne mit Leuten ohne Persönlichkeit Umgang habe. Ich mag Leute nicht, die kein reines französisch sprechen. Ich hasse Schimpfworte. Ist das Snobismus? Ich bin sehr streng erzogen und bin es gewöhnt, alle Menschen höflich zu behandeln, welcher sozialen Klasse, welcher Hautfarbe, welchen Alters sie auch sein mögen. Wenn das eine Form von Snobismus ist, dann bin ich snobistisch. Das hindert mich nicht, daß ich mich in diesem Marseiller Milieu merkwürdigerweise fast wohl fühle.

Darf ich mich rühmen, daß ich während meiner illegalen Arbeit in dieser phönizischen Stadt die Brüder Guérini gekannt und ziemlich oft getroffen habe, die nach dem Krieg zu trauriger Berühmtheit gelangt sind? Ich meine Antoine und Mémé, den späteren »Richter« der Mafia und des Milieus. Ich wußte wohl, daß sie keine über jeden Verdacht erhabene Bürger waren und sich mit allen möglichen Schiebereien abgaben, doch ich war nicht weniger erstaunt über ihren Patriotismus, ihre Kühnheit und ihren Einsatz bei illegalen Aktionen. Antoine war der unbestrittene Chef der Familie. Seine Autorität fiel gleich bei der ersten Begegnung auf. Er hatte ein ganz besonderes Ehrgefühl, in dem Sinne, daß Freunde – und die Resistance gehörte selbstredend zu den Freunden – für ihn heilig waren. Wer sich auch immer in der einen oder anderen Form an ihnen vergriff, wurde sein Feind.

Ich erwähne nur ein Beispiel dieser Mentalität: Als ich eines Tages eine der von Antoine kontrollierten Bars verließ, vermißte ich meine kostbare Armbanduhr, an der ich sehr hing. Ich kehrte in die Bar zurück und fragte, ob jemand sie gefunden hätte. Die verneinende Antwort der Kassiererin nahm mir jede Hoffnung, sie wiederzubekommen. Traurig ging ich die Straße hinunter, als eine Frau, die »Stammgast« in der Bar war, mich einholte. Sie reichte mir meine Uhr und sagte: »Warum haben Sie nicht gesagt, daß Sie eine Freundin von Antoine sind?« Von diesem Tag an fühlte ich mich von einem unsichtbaren, aber mächtigen Ring »beschützt«.

Die Guérinis und andere Helfer dieses Kalibers waren dank ihrer Beziehungen, die sie aus mehr oder weniger eingestandenen Gründen mit Matrosen, Dockern, Lieferanten, Transporteuren unterhielten, über alle Schiffsbewegungen und ganz allgemein über alles, was im Hafen vor sich ging, gut informiert. Ihre Informationen gingen zu Ferri-Pisani, der sie mit eigenen Quellen überprüfte und an mich weitergab. Ich übermittelte sie an Colonel Alamichel in Paris. Endlich hatte ich das Gefühl, »etwas zu tun«, ungewöhnliche Menschen kennenzulernen, ein großes Abenteuer zu erleben. Die Geheimdienstarbeit ist auch eine Droge. Ich war in einer solchen Hochstimmung, daß ich mich beinahe für eine Mata Hari hielt, selbst wenn wir ziemlich oft den Eindruck hatten, daß unsere Aktivität nur ein winziger Wassertropfen war, verloren in einem Ozean schlechter Nachrichten.

Trotz des Einmarschs der Deutschen in die Freie Zone, trotz der Vernichtung des gesamten Stadtviertels im alten Hafen von Marseille und der Versenkung der Flotte von Toulon funktionierte unser Hauptquartier den ganzen Winter 1942/43. Doch die Nachrichten kommen schlecht durch. Die Nächte sind nicht günstig.

Wir verstecken zahlreiche Kameraden, die erfahren haben, daß sie auf der Liste der Gestapo stehen. Ferri-Pisani beschließt, in die Rue Cas umzuziehen. Als er in die Villa kommt, ahne ich nicht, daß dieser Mann eine wichtige Rollte in meinem Leben spielen wird.

Wie alle, die mit ihm zu tun haben, bin ich von seiner starken Persönlichkeit beeindruckt. Dieser Korse, der 1901 in Marseille zur Welt kam, ist eine geborene Führungspersönlichkeit, die in der Gewerkschaftsbewegung ihr bevorzugtes Wirkungsfeld gefunden hat. Er gehörte zu den Menschen, die nur sich selbst verdanken, was sie sind. In sehr jungen Jahren hat die Seefahrt ihn angezogen. Mit achtzehn war er schon Offiziersanwärter bei der Schiffahrtsgesellschaft »Compagnie des Messageries maritimes«. Nach seinem dreijährigen Militärdienst bei der französischen Flotte bereitet er sich auf seine Ingenieurprüfung im öffentlichen Dienst vor, die er glänzend besteht. Er interessiert sich leidenschaftlich für Organisationsfragen und stellt sein Talent und seinen Elan in den Dienst der Seeleutegewerkschaft, wo er schnell aufsteigt. Mit sechsundzwanzig Jahren ist er Generalsekretär dieser Berufsvereinigung und Mitglied des Verwaltungsrates der Gewerkschaftszentrale von Marseille. Drei Jahre später wird er in den Stadtrat gewählt und wird stellvertretender Bürgermeister. Seine politischen Sympathien gehören dem demokratischen Sozialismus. Dieser Eifer, den dieser unermüdliche Arbeiter in der Seeleutegewerkschaft, im Bürgermeisteramt und auf Versammlungen einsetzt, läßt ihm noch genügend Zeit – ich frage mich wie das möglich ist –, um zu lesen und sich zu bilden. Die Wißbegierde seines Geistes, die Fähigkeit, das zu verarbeiten, überrascht alle, die mit ihm zu tun haben. Er beherrscht fünf Sprachen. Er hat eine wissenschaftliche Ausbildung und begeistert sich für Literatur und Poesie. Er schreibt selbst Gedichte (glücklicherweise habe ich einige sehr bewegende wiedergefunden).

Kurz, dieser Führer ist ganz das Gegenteil eines Agitators. Seine Feindschaft gegenüber dem Faschismus war ganz spontan, und seine Bemühungen, eine Form des Widerstands bei den Seeleuten von Marseille zu organisieren, waren in London bekannt. Er war gemeinsam mit Léon Jouhaux an der »Befreiungsbewegung Süd« beteiligt, und es gelang ihnen, eine illegale Gewerkschaftsbewegung auf die Beine zu stellen. Es war auch Ferri-Pisani, der am französischen Nationalfeiertag, dem 14. Juli 1942, die große Demonstration in Marseille organisierte, zu der der gaullistische Rundfunksender aufgerufen hatte. Die Vichy-Regierung läßt ihn seit langem beobachten und stellt ihn in Pelissane, im Departement Bouches-du-Rhone, unter Hausarrest. Er aber hält sich nicht an diese Anweisung und bezieht völlig ungerührt unsere Villa in der Rue Cas.

Pierre Ferri-Pisani ist bis auf den Grund seiner Seele Korse. Er achtet alle Traditionen und Lebensgewohnheiten des »kleinen Frankreich«, dem Land seiner Vorfahren, dem er leidenschaftlich verbunden ist. Dieser unbeirrbaren Treue verdankt er zweifellos sein großes Ansehen bei seinen korsischen Landsleuten. Die Ehre ist für ihn die höchste Tugend. Einige lokale Lebensgewohnheiten, die er beherzigt, scheinen mir aus einem anderen Jahrhundert zu stammen. Ich kann nicht begreifen, wie ein Mann seiner Bildung, seines offenen Geistes, sie als selbstverständlich hinnimmt. Wie groß war meine Überraschung, als ich feststellte, daß seine Frau – eine bescheidene Friseusin und Korsin, die er sehr jung geheiratet hatte und die ihm auf seinem sozialen und kulturellen Aufstieg nicht folgen konnte – bei den Mahlzeiten neben seinem Platz stehen blieb. Wenn auch einige, sagen wir folkloristische Aspekte dieser Persönlichkeit mich ein wenig störten, so war ich doch bezaubert von seiner Intelligenz, seiner Kaltblütigkeit, seiner Menschenkenntnis und der Anziehungskraft, die er auf alle ausübte. Er war so grundsätzlich verschieden von allen Männern, die ich kennengelernt habe, selbst den Besten – keiner war ein Roman- oder Filmheld. Doch bei ihm hatte ich den Eindruck, in einen großartigen Film einzutreten, den man gerade drehte und in dem man mir eine bescheidene Rolle geben würde. Die Gefahren, denen ich mich mit dieser Rolle aussetzte, erhöhten noch den Reiz, diese Rolle zu übernehmen. Hieraus konnte sich nur eine Liebesgeschichte entwickeln. Sie begann auf die einfachste Art und Weise. Monatelang waren Pierre und ich nur Kameraden im Widerstandskampf. Trotz der lebhaften Bewunderung, die ich für ihn hegte, und der Neugier, die er für mich empfand, hatte sich in unseren Beziehungen nichts Zweideutiges ergeben - weder in Worten noch in Blicken. Nichts, was dem Beginn eines Flirts ähnelte, dessen Fortsetzung wir der Umstände wegen auf bessere Zeiten verschieben müßten.

Aber eines Tages, während dieses nervenaufreibenden Wartens auf eine Nachricht, die nicht eintrifft, wenn das Licht des Mittelmeers noch strahlender ist als gewöhnlich, der Himmel noch blauer, schlug Ferri mir vor, auf die Dachterrasse zu gehen und uns in der Sonne bräunen zu lassen. Ich stimmte zu, und wir legten uns sittsam bekleidet in die Sonne.

Die Minuten vergingen sehr langsam. Sorgen und Angst, die uns noch kurz zuvor bedrückt hatten, schienen fern, der Krieg vorübergehend ausgeklammert. Es gab nur das unerwartete, unvorhersehbare Gefühl völliger Losgelöstheit, der Ruhe und Bewegungslosigkeit. Wir wechselten nur wenige Worte, als fürchteten wir, die Stille zu verletzen. Aber die Stille selbst verwirrte mich. Vielleicht verwirrte sie auch Pierre. Haben sich unsere Hände einander genähert, sich berührt, sich vereint, um dieses Unbehagen abzuwehren?

Es war bis zum Schluß eine Kriegsliebe, an der Grenze des Unmöglichen, eine intensiv erlebte Liebe, von der wir fühlten, daß sie verurteilt war, nur in der Gegenwart zu existieren. Die Zukunft stellte eine Gefahr für unsere Verbindung dar, gleich, ob es einem von uns bestimmt war, vor dem Sieg zu sterben, oder ob wir beide überleben würden. Die Träume, denen wir uns hingaben, die Pläne meines erfindungsreichen Gefährten für die Nachkriegszeit, trugen - jedenfalls für mich - den Stempel der Illusion, selbst wenn das Wort niemals ausgesprochen wurde. Wir liebten uns sehr. Wir entdeckten in der Leidenschaft unsere wahre Natur, wir sagten uns, daß dieser absurde Krieg uns zumindest ermöglicht hat, uns zu begegnen. Wir liebten uns in der Gefahr und der völligen Ungewißheit des nächsten Tages. Aber wir waren beide so verschieden, bis auf unsere gemeinsame patriotische Leidenschaft und die Tatsache - man verzeihe mir meine Unbescheidenheit -, daß wir beide starke Seelen waren. So war es am besten, einfach zu leben, ohne unsere Unterschiede zu betonen, unsere Vergangenheit zu vergessen, soweit man sie vergessen kann, und nicht an die Zukunft zu denken.

So groß unsere Diskretion über unsere Verbindung auch war, so waren die Kameraden sich über unsere Gefühle doch im klaren, vor allem die Stellvertreter von Pierre. Aber auch sie waren von einer vorbildlichen Zurückhaltung. Niemand machte Witze oder Anspielungen.

Das erste Alarmzeichen hat Antoine Guérini aufgefangen. Wir versteckten unseren Funkapparat und räumten die Villa. Als zehn Tage ohne Zwischenfall vergingen, nahmen wir unsere Tätigkeit wieder auf, ließen den Funkapparat allerdings im alten Gartenschuppen.

Anfang April 1943 fuhr ich mit einem Auftrag nach Korsika. Ich sollte einen jungen Agenten unseres Nachrichtendienstes in der Nähe von Ajaccio drängen, bei der Beschaffung von Nachrichten aktiver zu werden, denn seine Quelle »vertrocknete«. Meine Mission war erfolgreich, und ich sollte kurz darauf noch einmal nach Korsika fahren. Doch die Überwachung war schärfer geworden, und Ferri blies die Reise in letzter Minute ab.

Einige Tage darauf erfuhr ich durch einen verschlüsselten Brief, daß Colonel Alamichel in eine Falle der Gestapo geraten war und mit seiner Frau im Gefängnis Loos in Lille saß. Ich fuhr sofort nach Vichy, um unseren Verbindungsmann Oberst Gaujour über diesen harten Schlag zu informieren. Alamichels Brief war mit zweimonatiger Verspätung bei mir eingetroffen. Er teilte mir darin mit, daß er bei seiner Verhaftung einen falschen Ausweis mit meinem Foto und dem Hinweis auf Marseille bei sich hatte. Da ich in den zwei Monaten nicht behelligt worden bin, beschloß ich, in Marseille zu bleiben.

Auf dem Rückweg von Vichy holte ich meine Tochter Marie-Claude aus dem Internat in Lapalisse zu den Osterferien ab. Ich wollte sie am nächsten Tag zu meinem Mann nach Lavandou bringen. Als wir in Marseille in der Sackgasse Cas ankamen, entdeckte ich, daß die Gestapo dagewesen war. Das Haus ist verwüstet, die Telefonleitungen abgeschnitten, die Elektrizität unterbrochen. Meine »illegalen Mieter« Ferri-Pisani, Mathieu Anfriani und Jean Secco sind verhaftet. Ich sage Marie-Claude, sie soll durch die Hintertür, die zur Rue Cas führt, fortlaufen und beim Bäcker auf mich warten. Ich wollte im alten Schuppen nachsehen, ob das Funkgerät noch da ist, wo ich es versteckt hatte. Es ist noch da. Ohne mich zu vergewissern, ob das Haus überwacht wird, gehe ich schnell nach oben, stopfe zwei Kleider in die Tasche mit dem Silberzeug und nehme aus der Bibliothek eines der wenigen Bücher, das in den Regalen geblieben ist, die »Gedanken« von Pascal, in dem ich 50 000 Francs versteckt habe. Niemand hat es angerührt.

Ich gehe zur Rue Cas raus, wundere mich, daß das Haus nicht überwacht wird und eile zum Bäckerladen. Marie-Claude ist nicht da. Sie ist auch nicht bei einem der drei anderen Bäcker in der Straße. Eine furchtbare Angst packt mich. Ich stelle mir vor, daß sie als Geisel gefangen wurde, während ich in dem Haus rumwühlte. Ich mache mir Vorwürfe, daß ich mich von ihr getrennt habe. Da entdecke ich sie in einem Fleischerladen in ein Gespräch vertieft. Sie hatte Bäcker mit Fleischer verwechselt. Ich nehme sie ohne weitere Fragen mit. Da ich aber unbedingt unsere acht »Briefkästen« in Marseille von der Gefahr unterrichten muß, wenn es nicht schon zu spät ist, schlage ich ihr vor, im Kino auf mich zu warten. Das ermöglicht mir tatsächlich, die bedrohten Stellen zu warnen, darunter die Bar von Antoine Guérini. Ich atme erleichtert auf, leider nicht lange. Als ich zum achten »Briefkasten« komme, zu einem Kohlenhändler, ist die Gestapo schon da. Ein Mann sitzt hinter dem Schreibtisch des Kohlenhändlers. Ich frage ihn, wo der Besitzer ist. Der Unbekannte antwortet mir, er sei die nächsten drei Tage abwesend, aber er könne ihm eine Nachricht übermitteln. Ich bemerke, daß ein junges Mädchen hinter der Schreibmaschine sitzt und ihm mit der Hand ein verneinendes Zeichen macht, als wolle sie sagen, »diese kenne ich nicht«. (Nach dem Krieg werde ich als Zeugin im Prozeß gegen die junge Frau nach Marseille geladen, die zu mehreren Jahren Gefängnis verurteilt wird.) Ich spüre sofort die Falle und sage hastig: »Mein Anliegen ist überhaupt nicht dringend, ich wollte nur die Kohlen für den Winter bestellen. Ich komme nächste Woche noch mal wieder.« Damit will ich mich zur Tür zurückziehen. Es gelingt mir nicht ganz. Der Mann erhebt sich, schlägt die Hacken zusammen: »Ihre Papiere, Madame!«

»Welches Recht haben Sie dazu?«

»Deutsche Polizei.«

»Sie gehören also zur fünften Kolonne, Sie sind doch Franzose?«

Mein Gegenüber ist sehr gut angezogen – bis auf die Baskenmütze, die er über den Kopf gestülpt hat. Er entgegnet:

»Nicht Sie haben mich zu fragen, hier stelle ich die Fragen.«

Ich reiche ihm meine Papiere, die vollkommen in Ordnung sind. Doch für jemanden, der in Lavandou wohnt, habe ich eine Menge Papiere bei mir: Einen Personalausweis – ohne den Hinweis »Jude«, meine Mitgliedskarte des Roten Kreuzes, einen »Ausweis« für Paris und einen anderen, um von Paris nach Marseille zu reisen. Er verlangt mein Notizbuch mit den Eintragungen der Termine. Aber auch das ist vollkommen harmlos. Da stößt er plötzlich den Ruf aus: »Sie kennen Morel?«

Ich habe eine Verabredung im Café Provençal mit einem gewissen Morel, der mir eine Wohnung besorgen will, weil wir die Villa in der Sackgasse Cas aufgeben wollten. Ich kenne diesen Morel nicht, aber ich nehme an, daß er nichts mit der Resistance zu tun hat. Der angebliche Vertreter des Kohlenhändlers stürzt ans Telefon und ruft die Gestapo an: »Ich habe hier eine Frau, die kennt unseren Morel ...« Diese Herren suchen einen Morel. Fünf Minuten später kommen zwei SS-Leute und nehmen mich mit ins Gefängnis zum Verhör. Dort leeren sie meine Handtasche aus. Dabei entdecken sie ein ganz dünnes Blatt Papier: Die Elektrizitätsrechnung der Villa Cas.

Der Morel aus dem Provençal wird festgenommen. Er ist nicht der Gesuchte, nur eine Namensgleichheit. Er wird nach drei Tagen wieder freigelassen und hält sich fortan für einen Helden.

Am 23. April 1943 bin ich genau wie meine Gefährten im Gefängnis Saint-Pierre. Marie-Claude hat sich gut durchgeschlagen. Nachdem die letzte Vorstellung zu Ende war, hatte sie nach anfänglicher Angst die Geistesgegenwart, zu Freunden zu gehen, wo sie die ganze Nacht aufblieb, um auf mich zu warten. Die Freunde benachrichtigten ihren Vater, der sie dann abholte. Vorher ging sie noch mit der Hausangestellten unserer Freunde unter dem Vorwand, ihre Lebensmittelkarten wiederzubekommen, zur Polizei. Dort sah sie meinen Regenschirm stehen und schrie: »Das ist Mamas Regenschirm!« Ein Offizier, der das hörte, riet ihr, sofort zu verschwinden. Ihr Vater, der gerade bei unseren Freunden eingetroffen war, nahm sie mit dem nächsten Bus mit nach Lavandou.

Ich erfuhr diese Einzelheiten später im Gefängnis von einer Kameradin, die während des stürmischen Auftritts von Marie-Claude gerade bei der Gestapo zu einem Verhör war.

Viertes Kapitel

Ich blieb zwei Monate im Gefängnis Saint-Pierre in Marseille. Im Juni wurden alle Mitglieder der Gruppe nach Fresnes bei Paris überführt, wo man mich sofort in Einzelhaft steckte, eine Bevorzugung, die ich meiner Einstufung als »gefährliche Terroristin« verdankte und deren Tragweite ich in meiner Naivität nicht einschätzen konnte. Ich hielt mich keineswegs für eine Terroristin – eine Bezeichnung, die meiner Meinung nach nur auf Anarchisten und Bombenleger zutraf, die die Bevölkerung terrorisierten –, sondern für eine patriotische Französin. Ich denke, die Deutschen benutzten den Begriff »Terroristin« nur aus Propadandagründen, ohne selbst daran zu glauben, daß diese Bezeichnung in meinem Falle zutraf.

Für sie, dachte ich, können wir doch nur Kriegsgefangene sein oder höchstens politische Gefangene. Entweder oder. Entweder stand für die Taten, die man uns vorwarf, die Todesstrafe, dann mußte man eben auf dieses Ende gefaßt sein, oder sie verdienten nur eine Haftstrafe. Wenn dieser Fall für die Mitglieder unserer Gruppe zutraf, würden wir bis Kriegsende in ein Lager gebracht, es sei denn, uns gelänge die Flucht. Zugegeben, wir waren mit Blindheit geschlagen, aber man darf nicht vergessen, daß diese Naivität uns unter den gegebenen Umständen half, unsere Lage zu ertragen. Eine realistische, zu genaue Vorstellung des Schicksals, das uns bei einer Verhaftung bevorstand, hätte die notwendige Widerstandskraft vermindert.

Wenn ich die Terrorismus-Anschuldigungen der Deutschen auch nicht ganz ernst nahm, so zweifelte ich doch nicht mehr an ihrem Haß gegen die Juden. Einem gnadenlosen, unerklärlichen Haß, einem wütenden Wahnsinn, dem man unbedingt entkommen mußte. Mein »Nichtjudentum« war bisher niemals angezweifelt worden, und das hatte mich aus vielen Gefahren gerettet. Ich fühlte mich um so sicherer, da ich niemals falsche Papiere benutzt habe. Das Wichtigste war für mich, daß der Feind und seine Helfershelfer weiter über meine Herkunft im Unklaren blieben.

Der Beweis, daß sie mir glaubten, wurde mir sehr bald zuteil. Das war leider bei einer Disziplinarstrafe, die meine Kerkermeister mir auferlegten. In meiner Ahnungslosigkeit über den Ernst der Lage war ich vom ersten Tag meiner Kerkerhaft in Saint-Pierre eine aufsässige Gefangene. Da ich Pakete erhielt, vor allem von meinem Mann, der nach Marseille gezogen war, um mich zu versorgen, ließ ich den kriminellen Gefangenen im Stockwerk über mir Brot zukommen. Sie ließen zu diesem Zweck eine Schnur mit einem Haken in den Hof hinunter, wo ich jeden Tag eine Stunde lang meinen »Spaziergang« machte. Dieses Spiel wurde entdeckt. Ich verschlimmerte meine Lage noch, weil ich aus vollem Halse die »Marseillaise« sang und mein Gesicht dabei an die Gitterstäbe preßte, bis die Nationalhymne von den Gefangenen in den anderen Stockwerken im Chor aufgenommen wurde. Auf diese Weise konnte ich auch das besondere Timbre von Ferri-Pisani hören. Dank der korsischen Gefängniswärter, die ihm keinen Wunsch abschlugen, konnte ich auch Botschaften mit ihm austauschen.

Nach der »Marseillaise« sang ich »Malbrough zieht in den Krieg«, einen Marsch, den alle Franzosen meiner Generation als Kinder gesungen haben, und der unser Losungswort zwischen Pisani und mir war. Kurz, die Verwaltung fand mich langsam unerträglich. Um mich zu bestrafen, fiel ihr nichts Besseres ein, als mich vierzehn Tage in die »Judenzelle« zu sperren.

So nannte man einen riesigen Schlafsaal, wo meine unglücklichen Glaubensbrüder zusammengepfercht waren. Sie sind entweder denunziert oder bei einer Razzia aufgegriffen worden und mußten nun darauf warten, daß eine genügend große Anzahl für den Transport in die Vernichtungslager zusammen war. Den Juden war es nicht möglich, irgendeinen Kontakt zu politischen oder kriminellen Gefangenen zu unterhalten. Man hatte also ein Ghetto innerhalb des Gefängnisses geschaffen. Es war mir sehr peinlich, wie man sich denken kann, bei diesen unglücklichen Menschen zu sein, die mich erstaunt betrachteten, denn ihre mir aufgezwungene Gesellschaft sollte für mich eine Strafe sein. Aber die Deutschen konnten in ihrem blinden Haß nicht verstehen, daß die natürliche Reaktion meiner neuen Gefängnisnachbarn darin bestehen würde, mir freundlich zu begegnen, zumal ich mich ihnen gegenüber nicht feindlich verhielt. Sie halfen mir, mich bei ihnen wohl zu fühlen. Damit machten diese Menschen, die viel unglücklicher waren als ich, die Strafe, die unsere gemeinsamen Feinde sich für mich ausgedacht hatten, in gewisser Weise zunichte. Da sie mich für »bestraft«, aber für eine Nichtjüdin hielten, konnten sie außerdem beweisen, daß sie im Gegensatz zu allen Beschuldigungen einer monströsen Propaganda Wesen voller Verständnis, Mitleid und menschlicher Wärme waren.

Am liebsten hätte ich meinen zeitweiligen Gefährten zugerufen: »Habt keine Angst, meine Freunde, ich gehöre zu euch, diese Idioten wissen es nur nicht. In ihren Augen bin ich nur eine Französin, die Deutschland schaden will. Sie glauben, mich zu bestrafen, indem sie mich in eure Zelle sperren. In Wirklichkeit haben sie mir ermöglicht, meine Brüder wiederzufinden.« Wir hätten uns in diesem Augenblick höchster Bewegung sicher umarmt, wie es oft in dramatischen Situationen vorkommt, die die Hoffnung wiederbeleben. Leider konnte ich dieses Risiko nicht eingehen. Mein Leben gehörte mir nicht allein. Ich war in einer Aktion engagiert, die über meine Person hinausging. Meine persönlichen Gefühle zählten nicht mehr.

Daß diese vom Schicksal gestraften Menschen – weil sie in einer bestimmten Religion geboren waren, wie ich selbst – mich nicht als Spitzel oder Provokateur betrachteten, war schon ein großes Glück. Daß sie aus meinen Beteuerungen, der Kampf werde weitergehen und am Ende des Weges werde der Sieg stehen, einige Hoffnung schöpften, war auch ein Glück. Weiter konnte ich in meinem geheimen Einverständnis nicht gehen.

An eine Begebenheit in der Judenzelle kann ich mich niemals erinnern, ohne daß sich mein Herz zusammenkrampft. Das ist meine Begegnung mit der Familie Vidal, dem Vater und seinen beiden Töchtern im Alter von sechzehn und acht Jahren. Die Mutter war tot. Vor dem Krieg wohnten sie in Paris, in der Nähe der Champs Elysées, in der Rue de la Boetie. Sie waren nach Marseille geflohen, als Frankreich noch in zwei Zonen geteilt und der Süden von den Deutschen noch nicht besetzt worden war. Die Kinder waren während einer kurzen Abwesenheit des Vaters in der Wohnung festgenommen worden. Als er nach Hause kam, lieferte er sich freiwillig der Gestapo aus, in der Hoffnung, man würde seine beiden Töchter freilassen. So trafen sie sich alle drei in der großen Zelle wieder. Gleich bei meiner Ankunft zeigten die beiden Kinder mir ihre Sympathie, vor allem die Kleine kam oft zu mir, um ein bißchen Zärtlichkeit bei mir zu suchen. Sie verlangte bald, daß ich sie jeden Abend auf ihrem elenden Strohsack zudeckte, bevor das Licht ausgemacht wurde, so wie ihre Mutter es einst getan hatte ... Sie umarmte mich überschwenglich und ließ mich schwören, daß ich sie nach dem Krieg in Paris besuchen würde, denn ich hatte ihr erzählt, daß ich auch dort, ganz in ihrer Nähe wohnte.

Trotz der Bestrafung hatte ich als »Arierin« das Recht zu einem täglichen einstündigen Spaziergang auf dem Hof, ein Vorteil, der meinen Zellengefährten nicht zustand. Ein Aufseher holte mich ab und brachte mich auch wieder zurück. Am zweiten Tag bat ich die Gefängnisdirektion um die Erlaubnis, die jüdischen Kinder mitzunehmen, damit sie etwas frische Luft bekämen.

Zu meiner großen Überraschung wurde mir diese Bitte gewährt, und man konnte mich jeden Morgen in den Korridoren des Gefängnisses mit einem Dutzend Kindern, Jungen und Mädchen, sehen, die auf dem Hof einen kurzen Augenblick spielten. Da sie nicht ahnten, welches Schicksal sie erwartete, amüsierten sie sich wie Internatsschüler, die in den Ferien nicht nach Hause fahren durften. Um sie weiter aufzumuntern, lehrte ich sie im Chor zu singen, und keine Stimme fehlte.

Die ältere der beiden Töchter Vidal war schon ein junges Mädchen und hatte einen Flirt mit einem Häftling, der kaum älter war als sie. Am Abend ging sie in der Dunkelheit zu ihm auf seinen Strohsack. Alle Gefangenen wußten Bescheid, sprachen aber nicht darüber. Der Vater war der letzte, der erfuhr, daß seine Tochter eine Liebesgeschichte erlebte. Er war sehr ärgerlich, und da er wußte, daß ich auch Mutter eines kleinen Mädchens war, fragte er mich, ob es nicht seine Pflicht sei, dieser »schuldhaften Verbindung« ein Ende zu machen. Ich hielt es für richtig, ihm von dieser strengen Haltung abzuraten. »Sie liebt zum ersten Mal in ihrem Leben«, sagte ich ihm. »Die Umstände können dieses Gefühl nur verstärken. Lassen Sie ihr die Freiheit. Das, was die beiden Verliebten erleben, ist unschätzbar. Wer weiß, ob sie jemals eine andere Liebe kennenlernen?« Der Vater stimmte mir zu. Und doch kostete ihn dieses liberale Verhalten viel Überwindung. Ich spürte, daß er sehr an den Traditionen und dem Begriff der Reinheit festhielt.

Das war das einzige Mal, glaube ich, daß ich mich in eine Familienangelegenheit eingemischt habe, die mich nichts anging. Man hatte ja meinen Rat gesucht und ich bedaure nicht, dem Vater meinen Rat gegeben zu haben. Ich habe mich übrigens mit einem anderen Gefangenen der Zelle in Marseille beraten. Er hieß Jean Ulmann und war der Schwager des Bruders meines Mannes. Er war ein überzeugter Katholik geworden und beeindruckte alle, die ihn kennenlernten, durch seine außerordentliche Hilfsbereitschaft. Ich möchte sagen, er lebte nur, um anderen zu helfen. Er ist in Dachau verhungert, weil er seine mageren Rationen mit den Kameraden teilte, die schwächer waren als er. Als ich ihn wegen der eben erwähnten Gewissensfrage konsultierte, war auch er der Meinung, daß Herr Vidal der Liebe seiner Tochter nicht entgegentreten sollte. Einige Monate später wurden die Mädchen von ihrem Vater getrennt und mit dem »Verlobten« in die Gaskammern von Birkenau geschickt.

In dieser Zelle lernte ich auch einen anderen jungen Mann von ungewöhnlichem Charakter kennen. Er war Österreicher und hieß Thomas. Er war Junggeselle, in den Dreißigern, ungeheuer reich. Er wohnte in Monte Carlo im Hotel Paris und gehörte einer französischen Widerstandsgruppe an. Der Portier des Hotels hat ihn denunziert, und er kam nach Marseille ins Gefängnis Saint-Pierre. Die Deutschen fanden sehr schnell heraus, daß er Jude war und der berühmten Familie Strauss aus Wien entstammte. Er wurde zur Gestapo in die Rue Paradis gebracht, die er als menschliches Wrack verließ.

Ich bemühte mich, seine Wunden zu verbinden und ihn moralisch aufzurichten. Wir empfanden sehr schnell eine fast geschwisterliche Liebe füreinander. Wir unterhielten uns über Paris, über gemeinsame Bekannte und über gesellschaftliche Treffpunkte, wo wir verkehrt hatten. Diese Freundschaft schien die fürchterlichen Foltern, die er erlitten hatte, etwas zu mildern. Er vertraute mir eines Tages an, daß seine Mutter die schönste Smaragdsammlung Österreichs besaß, und daß er sie mir, wenn wir uns nach dem Krieg treffen würden, schenken wolle, als Dank für den großen Trost, den ich ihm gewährt habe.

Als wir später im Lager Royallieu in Compiègne waren, wo wir – Männer und Frauen – auf unseren Abtransport nach Deutschland warteten, hat Thomas von meiner Anwesenheit erfahren und darum ersucht, mich sprechen zu dürfen. Dieses Treffen kam aus Gründen, die ich später erklären werde, nicht zustande. Ich möchte daran glauben, daß er bei all seinen Leiden, die seinem tragischen Ende vorausgingen, die Erinnerung an seine Freundin im Gefängnis Sain-Pierre bewahrte, die sich bemüht hatte, ihm das Vertrauen einzuflößen, das sie nicht verloren hatte.

Thomas wurde bei seiner Ankunft in Deutschland hingerichtet.

Bei unseren »Spaziergängen« lernte ich eine liebenswürdige Kameradin kennen, die die gleichen Irrwege wie ich durchmachte: Marseille – Fresnes – Romainville – Compiègne – Ravensbrück. Sie hieß Kiki Castelli. Sie war eine kleine, gutmütige Person, sehr mutig, sehr fröhlich. Sie legte allen, die ihre Zukunft wissen wollten, die Karten und sagte ihnen ein gutes Schicksal voraus. Kikis

Mann war Funker der illegalen Gruppe und war gleichzeitig mit ihr verhaftet worden. Sie sprach ständig von ihm und ihrer »kleinen Laube«, ihrem Wochenendhäuschen, diesem wichtigen Bestandteil des Glücks aller Marseiller, das in den dreißiger Jahren sogar durch ein erfolgreiches Chanson von Alibert bekannt geworden war. Die Castellis waren das Musterbeispiel eines glücklichen Paares. Sie waren so verliebt wie bei ihrer ersten Begegnung. Um ihre Gefühle auszudrücken und miteinander in Kontakt zu treten, hatte der liebe Gott ihnen die gleiche Gabe verliehen: Sie konnten beide auf bewundernswerte Weise pfeifen. Die Gefangenen hörten dem Duo der verliebten Pfeifer, die sich auf diese Weise von einer Zelle zu anderen unterhielten, entzückt zu.

Die morgendlichen Ständchen und Serenaden der Castellis brachten in unser Gefangenenleben einen Sonnenstrahl, eine poetische Note, deren Wert Menschen außerhalb der Gefängnismauern nicht ermessen können.

Es bedarf so wenig, um das traurige Los der Gefangenen einen Augenblick zu lindern.

Mich hielten die Liebesbriefe aufrecht, die ich – dank der Nachsicht der korsischen Aufseher – von Ferri-Pisani erhielt. Er brachte seine Gefühle für mich in einem Stil von hoher literarischer Qualität und einer für mich ungewohnten Dichtung zum Ausdruck. Darüber hinaus bewunderte ich die Gelassenheit, die er im Unglück bewies, sein unerschütterliches Vertrauen in den Sieg, die Kraft, mit der er alle Widrigkeiten beherrschte, so, als wären die Schwierigkeiten, das Elend und die beunruhigenden Drohungen, die unsere Tage hinter diesen Mauern überschatteten, nicht vorhanden. Manchmal mischte sich ein Hauch von Sentimentalität in seine sonst von reinstem Stoizismus geprägten Betrachtungen. Eines Tages gelang es Pierre, mir drei hart gekochte Eier zu schikken. Sie waren mit Schriftzeichen versehen. Ich brauchte nicht lange, um herauszufinden: in die richtiger Reihenfolge gebracht, übermittelten mir die drei Eier die Botschaft: »Ich liebe Dich.«

Wer das Gefängnisleben nicht kennengelernt hat, findet diese Anekdote vielleicht kindisch. Doch dieses Urteil minderte nicht das Glück, das ich damals empfand.

Als meine Strafe in der »Judenzelle« beendet war, hielt man noch eine nette Aufmerksamkeit für mich bereit. Man brachte mich in die einzige gepolsterte Zelle des Gefängnisses. Sie war in gewisser Weise beeindruckender als der riesige Saal für die Juden.

Warum hatte man mich in diese Zelle gebracht, die für tobende Gefangene bestimmt war, die Zeichen von »Geistesgestörtheit« zeigten? Warum hat man mich von einem Ghetto mit rassistischem Charakter in eines für Gefangene gebracht, die nach Auffassung unserer Kerkermeister verhaltensgestört waren? Vielleicht dachte man, ich würde mich dort ruhiger verhalten und man würde mich nicht »demonstrieren« hören, wie in der Zelle, die ich vor meiner Bestrafung innehatte.

Wie dem auch sei, zum Glück hat man in der Zeit, in der ich in der gepolsterten Zelle war, keine Geisteskranken eingeliefert. Die Erfahrung war übrigens von kurzer Dauer, was auch ein Glück war, denn die Wände waren von zweifelhaften »kleinen Tieren« besiedelt, die es unmöglich machten, ruhig zu schlafen. Meine Mitgefangenen und ich verbrachten also unsere Tage damit, sie zu töten, in der vergeblichen Hoffnung auf eine ruhige Nacht. Zu meiner Freude traf ich dort die Widerstandskämpferin Andrée Girard, deren Ehemann, ebenfalls ein Widerstandskämpfer, es gelungen war, nach London zu gelangen. Ich sollte Andrée Girard in Romainville wiedertreffen. Wir wurden zusammen nach Compiègne und Ravensbrück deportiert, wo wir getrennt wurden. Ich traf sie erst nach dem Krieg in den USA wieder, wo ihr Mann mit amerikanischen Geheimdiensten zusammengearbeitet hatte. Seit unserer Gefängnishaft in Marseille war sie immer eine wunderbare Freundin für mich. Eine ihrer vier Töchter ist als Schauspielerin und Filmproduzentin unter dem Namen Danielle Delorme berühmt geworden.

Eines Morgens holte mich ein Auto aus dem Gefängnis ab und brachte mich zum Sitz der Gestapo in der Rue Paradis.

Ich wurde dem Chef vorgeführt, der zwar ein echter Deutscher war, aber so tadellos französisch sprach, daß er »Kommissar Delage« genannt wurde.

»Wo ist ihr Mann?«

»Ich weiß es nicht, wir leben getrennt.«

»Ihr Mann ist Jude, und wir finden ihn nicht!« schreit er und schlägt auf einen offenen Aktenordner auf seinem Schreibtisch.

»Mein Mann ist Jude, das ist ja merkwürdig. Wenn das stimmt, denke ich, müßte ich das doch wissen. Und wenn es wirklich so ist, wäre es wunderbar.« Delage blickt mich leicht verwirrt an: »Was ist daran wunderbar, wenn Ihr Mann Jude wäre?«

»Weil ich seit zwei Jahren vergeblich versuche, mich scheiden zu lassen. Die Regierung in Vichy hat ein Gesetz erlassen, wonach es Arierinnen, die mit einem Juden verheiratet sind, erlaubt ist, sich ohne weitere Formalitäten scheiden zu lassen. Sie müssen ihren Wunsch lediglich dem Bürgermeister vortragen. Deshalb kann Ihre Mitteilung, wenn sie sich bestätigt, mich nur mit Freude erfüllen.«

Etwas verblüfft, bringt »Delage« mich selbst ins Gefängnis Saint-Pierre zurück. Es gelingt mir, einem korsischen Aufseher - die alle, wie bereits erwähnt, Ferri-Pisani mit Leib und Seele ergeben sind - eine Nachricht für Pierre zu übergeben, in der ich das Gespräch bei der Gestapo wiedergebe. Am selben Nachmittag holt ein deutsches Auto Ferri-Pisani ab. Die Szene spielt sich ungefähr so ab:

»Sie kennen doch Herrn Fabius gut?«

»Gut, nein, ein wenig, ja, ich muß ihm zwei- oder dreimal begegnet sein. Er hat sich von seiner Frau getrennt und gibt ihr kein Geld, deshalb habe ich Frau Fabius gebeten, mir einen Teil ihres Hauses zu vermieten, damit sie etwas zu ihrem Lebensunterhalt dazu hat.«

»Aber Sie wissen, daß er Jude ist?«

»Herr Fabius? Oh, nein, ich glaube nicht. Frau Fabius hätte es mir erzählt. Wir sind ziemlich gut befreundet, und das ist eine Sache, die sie mir unter den gegenwärtigen Umständen bestimmt nicht verschwiegen hätte.«

Wahrscheinlich klang seine Antwort so natürlich, spontan und ehrlich wie meine, denn man brachte ihn sofort ins Gefängnis zurück und hörte auf, nach Robert zu fahnden. Der hatte sich - nicht ohne Risiko - in Marseille eingemietet, um mir näher zu sein und mir Pakete zu schicken. Er gab die Hoffnung nicht auf, mich irgendwie aus dem Gefängnis freizubekommen. Er hatte sich mit Schiebern eingelassen, die für die Deutschen arbeiteten und durchblicken ließen, daß sie meine Freiheit mit Geld erkaufen könnten. Einem von ihnen war es gelungen, Robert kurz vor meiner Abschiebung ins Gefängnis von Fresnes 500 000 Francs abzupressen. Ich werde später berichten, wie es uns nach dem Krieg gelang, ihn aufzuspüren.

Als ich von Marseille nach Paris überführt wurde, kehrte Robert wieder nach Lavandou zurück.

Im Juni wurde ich mit meinen Kameraden aus der Widerstandsgruppe sowie anderen Gefangenen unter starker Bewachung in das Gefängnis von Fresnes bei Paris überführt. Für die anderen war die Reise Marseille-Paris ein Alptraum, während sie für mich, trotz der traurigen Lage, ein Augenblick eines unvergeßlichen Hochgefühls, – ich möchte sagen, des Glücks – war, wenn ich nicht befürchten müßte, daß dieses Wort schockiert.

Pierre war es gelungen, einem begleitenden deutschen Wachposten eine Vergünstigung abzuringen, so daß er in meinem Abteil mit mir reisen durfte. Die Fahrt dauerte drei Tage, denn immer, wenn ein Militärzug durchfuhr, mußten wir auf einem Nebengleis warten.

In Fresnes blieb ich von Juni bis Oktober in Einzelhaft. Ich wurde mehrere Male zu Verhören in die Rue des Saussais oder zum Gestapositz in der Avenue Foch gebracht. Wenn ich bei diesen Verhören auch mit Ohrfeigen und Faustschlägen traktiert wurde, so muß ich doch sagen, daß ich im Gegensatz zu einigen meiner Kameraden nicht gefoltert wurde. Ich verdanke diese Vorzugsbehandlung vielleicht meiner unveränderten Aussage seit meiner Verhaftung: Mein Mann hatte mich verlassen, ich hatte kein Geld und mußte einen Teil meines Hauses an Leute vermieten, deren Aktivitäten mir unbekannt waren. Ich wußte auch gar nicht, was die Resistance bedeutet. Ich nahm es hin, ganz einfach als Idiotin eingestuft zu werden. Wenn man bedenkt, daß ich es dieser Haltung verdanke, den Folterungen des Untertauchens in der Badewanne zu entgehen, so kann man daraus schlußfolgern, daß ich begabt bin, die Idiotin zu spielen. Das ist ein Vorteil, der mir wiederholt von Nutzen war.

Im Gefängnis von Fresnes hatten wir das Recht, zwei Pakete von je drei Kilo im Monat geschickt oder von unseren Angehörigen gebracht zu bekommen.

Im Oktober wurde ich aus der Einzelhaft entlassen. Man brachte mich in eine Zelle, in der schon drei andere Häftlinge waren. Wie groß war meine Überraschung, als ich unter ihnen eine sehr unsympathische Person erblickte, die ich früher auf Empfängen getroffen hatte: die Comtesse B. de F. Natürlich erwartete ich nicht, daß sie mir um den Hals fallen würde, aber die Bemerkung, mit der sie mich begrüßte, hatte ich doch nicht erwartet: »Nanu, Sie hier, warum sind Sie nicht in Drancy?«

Ich antwortete nicht. Drancy war ausschließlich Sammellager für Juden. Diese Frau kannte meine jüdische Herkunft und würde nicht zögern, mich bei der »Offizierin« des Stockwerks zu denunzieren.

Mußte ich schon der lastenden Einsamkeit meiner Einzelzelle nachtrauern? Zum Glück taten die beiden anderen Frauen der Zelle, Madame Michel, eine Maniküre aus Marseille, die verhaftet wurde, weil man sie als Kommunistin verdächtigte, und Natascha Boeg, die Frau eines dänischen Diplomaten, ihr Bestes, um mir das Leben erträglich zu machen. Die »Offizierin«, die sehr blöd war, antwortete meiner Denunziantin, sie irre sich, denn sie wisse besser als jeder andere, ob in den Zellen dieses Stockwerks Juden seien oder nicht.

Die Comtesse de F. hatte nur eine Leidenschaft: den Tabak. Sie teilte niemals ihre Pakete mit uns, die wir alles zusammentaten. Sie tauschte den reichhaltigen Inhalt mit den deutschen Bewacherinnen gegen Zigaretten ein. Sie war verlogen, hinterhältig und prahlte, sie würde bald freikommen, denn sie sei nur wegen einer ganz banalen Schwarzmarktaffäre verhaftet worden, deren Bedeutungslosigkeit die Deutschen bald erkennen würden. Sie rühmte sich ihrer Beziehungen mit einem Obersturmführer Schmitz, der ihre Auffassungen kenne und sich für sie einsetzen werde. Ihre Magerkeit, die aus ihrer Nikotinsucht herrührte, war so erschreckend, daß wir uns fragten, wie sie überhaupt existieren könne. Trotz ihrer offensichtlichen Fehler wirkte sie auf einfache Menschen wie eine Autorität. Unter dem Vorwand, sie habe noch nie in ihrem Leben abgewaschen, da diese Arbeit dem »Personal« zukam, erreichte sie es, daß die gutmütige – zu gutmütige – Madame Michel, die immer versöhnend, lächelnd, positiv war, für sie die Essensschüssel und das Glas abwusch. Sie hingegen verschonte uns nicht mit ihren antigaullistischen und antikommunistischen Tiraden. Diese Reden hinderten die Deutschen jedoch nicht – denen sie den Sieg wünschte –, sie genauso wie uns zu deportieren.

Kurz nach meiner Ankunft war eines Morgens ein Lärm zu hören, den die meisten Gefangenen nur zu gut kannten. Um fünf Uhr früh wurde ein Transport nach dem Mont Valérien, einer Anhöhe in einem Pariser Vorort, zusammengestellt, wo die Erschießungen von Geiseln und Häftlingen stattfanden. Eine ungeheure Bewegung ging durch das ganze Gefängnis, gemischt aus Empörung, Zorn und brüderlichem Mitgefühl. Spontan, ohne verabredetes Zeichen erklang aus allen Fenstern das Abschiedslied »le chant des adieux«: »Es ist nur ein Aufwiedersehen, meine Brüder«, das von Hunderten Stimmen aufgenommen wurde. Die Erschütterung war unerträglich. Plötzlich brüllte in unserer Abteilung die Stimme der deutschen Dolmetscherin los: »Euch werden die Pakete gesperrt. Einen Monat lang keine Pakete!«

Das war eine schwere Strafe, denn wir hatten das Recht, in den leeren Kartons unsere Wäsche zum waschen und unsere Kleider zur Reinigung nach Hause zu schicken. Ich hatte dabei ein System der Korrespondenz entwickelt. Ich schob in einen Saum einen schmalen Stoffstreifen, auf den ich meine Nachrichten und die meiner Kameradinnen notierte und erbat für mich und die anderen Antwort. Dann nähte ich den Saum wieder zu und legte die kurze Notiz bei: »diesen Rock verlängern« oder »kürzen«. Diesen Trick fand mein Vater heraus und leistete uns eine enorme Hilfe. Die Strafe war also noch schwerer, als unsere Henker dachten, aber es hätte noch schlimmerer Drohungen bedurft, um unseren Gesang zum Schweigen zu bringen.

In unserer Zelle versuchte nur B. de F. ihn zu unterbrechen.

»Gut so, Ihr werdet keine Pakete bekommen!« wiederholte sie. Sie schien sich darüber zu freuen. Als die Ruhe wieder hergestellt war, bat ich auf dem Dienstweg um eine Unterredung beim Gefängniskommandanten. Zur allgemeinen Überraschung kam zwei Tage darauf die Erlaubnis. Als ich dieser wichtigen Persönlichkeit gegenüberstand, erklärte ich, daß es in der Frauenabteilung sehr viele Kranke und sehr alte Gefangene gab, für die sich die Streichung der Pakete tödlich auswirken könnte. Ich schlug ihm vor, daß er mich als alleinige Verantwortliche betrachte und mich einen Monat in strengen Arrest stecken sollte. Meinen Zellengenossen sollte man erklären, im Falle eines neuerlichen Aufruhrs würde die Insassin der Arrestzelle bestraft. Als Gegenleistung für dieses Opfer sollte das Paketverbot aufgehoben werden. Der Kommandant war von diesem Vorschlag sehr verblüfft, aber er kannte genausogut wie ich die brüderliche Verbundenheit der Gefangenen. »Ihre Bitte ist zu bedeutend, ich muß sie an die Gestapo weiterleiten und werde Ihnen die Antwort mitteilen.«

Als ich in meine Zelle zurückkam, »enthüllte« ich der sehr neugierigen B. de F. den Grund meines Gesprächs mit dem Kommandanten. Ich sagte, ich hätte ihn wegen meines Gesundheitszustandes um eine zusätzliche Essensration gebeten. Dieser Wunsch versetzte sie in Wut und sie erklärte, sie würde ebenfalls um eine Unterredung bitten. Sie wurde ihr nicht gewährt.

Eine Woche darauf wurde an unsere Tür geschlagen, Soldaten traten ein, gefolgt vom Dolmetscher, der den Besuch des Kommandanten ankündigte. Wir stellten uns in Hab-Acht-Stellung auf. Der Kommandant trat ein und erklärte einfach an mich gerichtet: »Jeder für sich und Gott für uns alle.« Er grüßte und verließ den Raum.

Bücher haben in meiner Gefängniszeit immer eine große Rolle gespielt. Neben den Klassikern Racine, Molière, Chateaubriand, Shakespeare, für die ich über meine Schulzeit hinaus meine Neigung bewahrte, liebte ich auch die modernen »guten Autoren«: François Mauriac, Cocteau, André Gide, Jacques Maritain, Georges Bernanos, Paul Claudel, André Suarès, Max Jacob und viele andere. Von Montherland las ich das wunderbare Buch »Die tote Königin«. Welch eine Verzauberung. Ich griff zur Feder und schrieb dem Autor einen Brief, in dem ich ihm meine Bewunderung ausdrückte. Ich fügte hinzu, daß sein Werk zu den Büchern gehört, die mir geholfen haben, durchzuhalten, und daß ich es nicht mit dem selben Glauben gelesen hätte, wenn ich nicht im Gefängnis gewesen wäre. Ich habe niemals eine Antwort erhalten. Ich bezweifle übrigens, daß der Brief je aus Fresnes abgeschickt wurde. Die Postzensur war streng und die Behörden waren sicher der Meinung, daß meine Korrespondenz nicht in die Kategorie der Nachrichten an Familie und nächste Angehörige fiel.

Eines Tages erhielt unsere Zelle den Besuch von Pater Stock, dem deutschen Anstaltsgeistlichen. Er fragte jede von uns, ob er etwas für sie tun könne. Ich bat ihn, Georges Loublié anzurufen, meinen besten Freund, der immer bereit war, mir zu helfen und mir Nachrichten von meinem Vater und von Marie-Claude zu bringen, die Georges ihm sicher geben könne. Es wurde stillschweigend vorausgesetzt, daß ich katholisch sei. Natascha Boeg sagte ihm, sie sei orthodox, aber sie wäre ihm sehr dankbar, wenn er ihren Vater anrufen könne, der alt und ganz allein sei.

Madame Michel erklärte ohne Umschweife, daß sie Kommunistin und ihr Mann auch in Fresnes sei. Wenn der Pater ihn in der Männerabteilung aufsuchen könne, solle er ihm bitte bestellen, daß es ihr gut gehe. B. de F. begnügte sich damit, ihren Angehörigen ausrichten zu lassen, sie möchten mehr Zigaretten in die Pakete legen.

Ich blieb die einzige »Katholikin«, mit der der arme Priester sprechen konnte. Er fragte, ob ich praktizierend sei. Ich verneinte. »Gläubig?« – Nicht einmal das. Aus lauter Verzweiflung ließ er mir einige fromme Schriften da und empfahl mir, sie bis zu seinem nächsten Besuch aufmerksam zu lesen. Er kam drei oder vier Tage später und hatte alle Aufträge ausgeführt, bis auf den von B. de F. Er sagte, er wußte nicht, an wen er sich wenden sollte.

Obwohl er mich immer noch für unzugänglich hielt (ich hatte ihm gestanden, daß die Texte, die er mir dagelassen hatte, meiner

Meinung nach für zehnjährige Kinder seien), schien er sich für mich zu interessieren. Er schlug mir vor, ich solle die Beichte ablegen, denn das Fest Allerheiligen stände bevor. Ich folgte ihm in eine Zelle, die als Beichtstuhl eingerichtet war, und wir unterhielten uns. Jedenfalls war ich allen gegenüber zu mißtrauisch, um ihm auch nur das geringste »Geheimnis« anzuvertrauen.

Er erzählte mir, daß er zum Fest der Allerheiligen auf jedem Stockwerk eine Messe lesen würde und dazu je zwanzig Häftlinge auswählen könne, die daran teilnehmen dürften. Er fügte hinzu, daß er mich auf die Liste gesetzt habe.

Am Vorabend des Feiertages trat er kurz in unsere Zelle und fragte mich, ob ich während der Messe das Abendmahl nehmen wolle. »Nein, mein Vater«, antwortete ich ihm, »das wäre nicht aufrichtig und also nicht ehrenhaft.« Am nächsten Morgen holte er mich selbst ab und nahm mich in eine Zelle mit, die als Kapelle ausgestaltet worden war. Ich war sehr erschüttert, als ich sah, wie die Frauen, brutal von den Aufseherinnen hereingestoßen, mit leuchtendem Blick auf die Knie fielen, als wären sie von der Gnade berührt.

Der Pater zog sein kirchliches Gewand über die Uniform, und die Messe begann in einer so feierlichen Atmosphäre, wie ich sie nie zuvor erlebt hatte. Als der Augenblick des Abendmahls kam, knieten alle Frauen nieder. Pater Stock schritt durch die Reihen und reichte jeder von ihnen die Hostie. Vor mir blieb er einen Augenblick stehen, schlug das Zeichen des Kreuzes über meine Stirn und sprach die Worte: »Gott segne dich und beschütze dich, mein Kind.«

Ich war so gerührt von allem, was ich gesehen und empfunden hatte, daß ich in Tränen ausbrach, als ich wieder in meiner Zelle war – Tränen, das fühlte ich, die mich von einem gewaltigen Druck befreiten, vielleicht von dem Gewicht aller Leiden, die sich seit meiner Verhaftung angestaut hatten.

Zur gleichen Zeit spielte sich in unserer Zelle eine Szene ab, für deren Komik mir in meiner inneren Bewegung der Sinn fehlte. B. de F. ließ ihrer Wut und ihrer Enttäuschung freien Lauf, weil nicht sie, die wirklich einzige Katholikin der Zelle, zur Messe eingeladen worden war, sondern eine ungläubige Jüdin. Natascha Boeg und Madame Michel hielten sich die Seiten vor Lachen.

Die Comtesse de F. hatte den ganzen Tag über eine unerträgliche Laune und kündigte an, sie würde Pater Stock wegen anormalen Verhaltens anzeigen. Der Zwischenfall hatte keine Folgen.

Aber die innere Bewegung, die ich an jenem Tag spürte, hat in meiner Erinnerung eine Spur hinterlassen, die nie verlöschte.

In den letzten Dezembertagen herrschte im Frauentrakt in Fresnes ziemliche Aufregung. Hatte die Stunde des Abtransports nach Deutschland geschlagen? Wir waren ungefähr fünfzig Frauen, die mit ihren armseligen Bündeln aufgerufen wurden.

Keine Erklärung natürlich. Man ließ uns ohne übertriebene Brutalität einsteigen. Ich hatte keine große Angst, denn ich stellte mir die deutschen Lager noch in der Art der Stalags (Stammlager) oder Oflags (Offizierslager) vor, über die wir von zahlreichen Geflohenen oder Repatriierten eher beruhigende Berichte kannten. Ich konnte mir nicht vorstellen, warum es anders sein sollte. Ich hoffte, ich könnte mich nach meinen Erfahrungen im motorisierten Sanitätsdienst (S. S. A.) und beim Roten Kreuz in Deutschland als Krankenschwester oder Krankenwagenfahrerin nützlich machen. Ich sollte noch eine Weile in dieser Illusion leben.

Tatsächlich fuhr man uns - Gott weiß, warum - ins Fort von Romainville, im östlichen Vorort von Paris. Die Fahrt dauerte kaum mehr als eine Stunde. Romainville war vom Komfort her ein echter Fortschritt im Vergleich zu Fresnes. Die Zellen waren ziemlich große Räume mit Doppelstockbetten (man konnte sie als Mannschaftsräume bezeichnen).

In einer Gruppe, die aus Marseille ankam, traf ich zu meiner Freude Andrée Girard wieder. Es gelang ihr, den oberen Platz meiner Bettstelle zu bekommen. Außerhalb der Arbeitsstunden war es uns erlaubt, uns in den Zellen zu besuchen und auf dem Hof spazieren zu gehen.

Ich mußte Kohlen schleppen, die Vorräte für die Küche. Das war eine ziemlich schwere Arbeit, aber ich konnte sie schaffen, weil ich noch im Vollbesitz meiner körperlichen Kräfte war. Pakete waren ebenfalls erlaubt. Ich hatte sogar das Vorrecht, in Romainville Besucher zu empfangen, die gemeinsam kamen. Mein treuer und hilfsbereiter Freund Doktor Loublié, den Pater Stock angerufen hatte, als ich noch in Fresnes war, und mein Freund Henri Bréaud, der Onkel von Francine Distel, der Frau von Sacha Distel. Ich durfte nur einige Minuten mit ihnen sprechen. Ich war enttäuscht, daß sie mir kein Paket von meinem Vater mitbrachten. Georges Loublié erklärte mir, mein Vater sei auf seinen Rat endlich doch in die Südzone gegangen, eine Entscheidung, die er trotz meines sanften Drängens bisher immer abgelehnt hatte. Warum hätte ich Georges nicht glauben sollen? Während meiner geheimen Missionen in Paris habe ich oft in seiner Wohnung auf der Ile Saint Louis übernachtet. Er hat auch die Goldstücke aus meiner Wohnung in seinen Schuhen verborgen herausgeschmuggelt und in der Wohnung seines Vaters versteckt. Georges hat meinem Vater falsche Papiere besorgt, die dieser lange Zeit nicht benutzen wollte.

Ich habe erst nach meiner Rückkehr nach dem Krieg erfahren, daß er mir in Romainville eine fromme Lüge erzählt hat, um mich nicht zu demoralisieren. In Wirklichkeit war mein Vater schon einige Wochen zuvor verhaftet worden. Vielleicht hatte er die Überzeugung, daß ein so französischer, so patriotischer, so chauvinistischer Jude wie er nicht behelligt oder gar umgebracht werden könnte.

Wenn ich auch keine Pakete von meinem Vater bekam, so erhielten meine Gefährtinnen doch reichlich zu essen. Einige Tage nach meiner Ankunft organisierten sie mit Genehmigung der Verwaltung von Romainville ein Festmahl zu Weihnachten. Yvonne de-la Rochefoucauld hat diesen Abend vorbereitet, damit wir einige Stunden lang unsere traurige Lage vergessen sollten. Ich erinnere mich, daß es Gänseleberpastete und gefüllte Poularde gab. Weine waren nicht verboten. Sicher wäre es besser gewesen, die Getränke zu rationieren, denn einige Häftlinge überschritten das Maß. Es waren die leichten Mädchen, die im Gefängnis saßen, weil sie ihre deutschen Kunden bestohlen hatten. Wer hatte sie eingeladen? Vielleicht hatten sie sich selbst eingeladen? Ich weiß es nicht. Aber ich erinnere mich, daß die Mädchen zu viel tranken und nackt auf dem Tisch tanzten, zum größten Vergnügen der Deutschen, die von der improvisierten Vorstellung begeistert waren. Ich verließ sofort den Festraum, empört über die Haltung der Französinnen, die unseren Kerkermeistern ein solches Schauspiel boten. Yvonne de-la Rochefoucauld, bei der ich mich beklagte, antwortete ganz ungerührt, sie finde nichts Schlimmes dabei.

In Romainville hatten wir nicht nur das Recht zu lesen, es gab auch eine ambulante Bibliothek. Verantwortlich war eine Restaurantswirtin aus Lyon. Sie schob ihren Karren mit Bücherstapeln und verschiedenen anderen Dingen durch die Gänge und machte vor jeder Zelle halt. Leider bestand der Grundstock ihrer Bücherei fast ausschließlich aus Kriminalromanen und süßlichen Liebesgeschichten.

Die nette, aber wenig gebildete Frau verstand nicht, warum ich bei ihrem Angebot eine Grimasse zog. Sie erklärte mir, daß die Bibliothek einem »alten Knacker« unterstand, der selbst Häftling war und die besseren Werke für die Männerabteilung reservierte.

Ich erkundigte mich nach dem Namen dieses »Knackers«, der die literarischen Ansprüche der weiblichen Häftlinge so gering einschätzte. Ich erfuhr, daß es sich um keinen geringeren handelte als um Julien Cain, den Verwaltungschef der Pariser Nationalbibliothek. Da ich wußte, daß er mit meinem Schwiegervater befreundet war, schrieb ich ihm. Er antwortete mir mit einem liebenswürdigen Brief und ich erhielt von nun an dank dieses »Knackers« – Julien Cain war in Wirklichkeit in den besten Jahren – regelmäßig die wertvollsten Werke des Forts, begleitet von kleinen Briefen, die mir große Freude bereiteten.

Um mich der schweren Arbeit zu entziehen und mehr Zeit zum lesen zu haben, gab ich vor, schwanger zu sein, eine Behauptung, die wegen der mangelhaften Untersuchungsmöglichkeiten der Krankenabteilung nicht nachprüfbar war. Man glaubte mir aufs Wort. Aber dieses Provisorium dauerte nur kurze Zeit.

Ende Januar verfrachtete man uns ins Lager nach Compiègne-Royallieu, dem Vorzimmer der Deportation. Ich war immer noch in der Vorstellung der Stalags befangen, und ich bemühte mich – ohne großen Erfolg, wie ich zugeben muß –, meinen abwegigen Optimismus auch meinen Gefährtinnen zu vermitteln.

In Compiègne merkte ich sehr bald, daß die Lebensbedingungen sehr viel schlechter waren als in Romainville. Kurz nach meiner Ankunft wurde ich ins Büro des Kommandanten gerufen. Ich erfuhr, daß am nächsten Tag ein Transport von zweitausend Männern nach Deutschland abgehen würde. Drei Häftlinge hätten sich auf das Recht der Gefangenen berufen, einen weiblichen Besuch zu empfangen, vorausgesetzt, es handle sich um eine nahe Verwandte, Mutter, Ehefrau oder Schwester, die auch in Compiègne inhaftiert sei. Deshalb hätten sie gebeten, mich noch zu sprechen. Keiner konnte sich auf eine familiäre Bindung berufen, aber weil sie mich kannten, hatten sie ihr Glück trotzdem versucht. Da der Kommandant an diesem Tag vielleicht guter Laune war, hat er ihrem Wunsch nachgegeben. Aber ich mußte einen der drei auswählen. Man nannte mir die Namen: Thomas Strauss, Jean Ulman, Pierre Ferri-Pisani. Ich zögerte nicht, letzteren zu wählen. Liebe geht vor Freundschaft.

Wir verbrachten eine halbe Stunde miteinander. Selbst heute, nach vierzig Jahren, bin ich nicht in der Lage, die Gefühle zu analysieren, die wir in diesen kurzen Minuten empfanden. Pierre zweifelte nicht daran, daß wir uns nach all den Leiden wiedersehen und den Rest unseres Lebens zusammen verbringen würden. Wenn zwei Menschen das Glück hatten, das Vorrecht, sagte er, einer bei dem anderen zu entdecken, was du und ich in uns entdeckt haben, dann ist es für uns eine heilige Pflicht, sich für das Leben zu vereinigen, welchen Schmerz diese Vereinigung auch Dritten bereiten mag.

Er gab mir den Ring, den er am Finger trug, und ich gab ihm meine goldene Uhrkette. Wir trennten uns in der Gewißheit, uns eines Tages wiederzusehen, um uns nie wieder zu trennen. Diese Begegnung erhellte die kommenden düsteren Tage.

Wir fuhren im Morgengrauen ab. Die Fahrt bis zum Bahnhof erfolgte im offenen Lastwagen. Unser Transport hieß »Konvoi der 27 000«, wahrscheinlich weil über 26 000 Frauen vor uns deportiert worden sind. Wir hörten nicht auf, die »Marseillaise« und den Lothringer Marsch zu singen, gleichgültig gegenüber dem Geschrei und den Drohungen der Wachsoldaten. Die Einwohner der Stadt, die schon auf den Beinen waren, klatschten Beifall. Fenster öffneten sich und die Leute, die von dem Lärm aus dem Schlaf gerissen waren, applaudierten auch. Ein alter Herr, der auf der Straße vorbeiging, blieb am Bürgersteig stehen, nahm seinen Hut ab und rief: »Es lebe Frankreich.«

Auf dem Bahnhof wurde mein Name durch den Lautsprecher aufgerufen. Ich war beunruhigt. Würde man mich wieder in die Zelle stecken, mich neuen, diesmal strengeren Verhören unterwerfen? Ich trat aus der Reihe.

Der Chef der Begleitmannschaft zeigte auf mich, und ein deutscher Offizier, der ein Paket trug, kam auf mich zu. Er verbeugte sich sehr höflich und reichte mir das Paket. Es war von der Tante meiner Schwägerin. Sie wohnte in Compiègne und war Vorsitzende des örtlichen Roten Kreuzes, wodurch sie zwangsläufig Kontakte zu den deutschen Behörden hatte. Während eines Besuchs vor meinem Abtransport, der ihr ausnahmsweise gestattet worden war, hatte ich ihr unauffällig meine Perlenkette zugesteckt, die dadurch gerettet wurde.

Der Offizier wünschte mir eine gute Reise und zog sich mit einer Verbeugung zurück, als handle es sich um eine Begegnung auf einer Party. Er versicherte mir, er wüßte, wo wir hinkämen, und daß wir gut behandelt würden. Zur gleichen Zeit wurden Frauen beim Abtransport aus dem Lager von den Hunden der SS zu Tode gebissen.

Meine Gefährtinnen, die Zeuge dieser Szene waren, schauten mich vorwurfsvoll an. War diese Begegnung auf dem Bahnsteig mit einem feindlichen Offizier kompromittierend? Vielleicht. An meinem Schicksal hat es indessen nichts geändert. Ich stieg in denselben Zug wie sie, zum selben Bestimmungsort. Von diesem zweideutigen Treffen blieb nur das Paket, das wir teilten, sobald die schweren Türen des Viehwaggons hinter uns zuschlugen.

5. Kapitel

Die Reise im verplombten Waggon dauerte drei Tage und drei Nächte. Sie war geprägt von wachsender Angst und schrecklichen Szenen. Doch konnten wir nicht voraussehen, welcher Leidensweg uns im Lager bevorstand. Wir waren achtzig Frauen in einem Waggon, in dem nur für fünfzehn Platz war. Um uns Mut zu machen, sangen wir manchmal im Chor.

Als wir einstiegen, war meine größte Sorge, wie ich meine Familie oder wenigstens Marie-Claude benachrichtigen könnte. So unternehme ich noch mal den Versuch, der mir zwischen Chalon und Beaune so gut gelungen war, als ich einige Zeilen auf einen Zettel geschrieben, darin ein Geldstück eingewickelt und beides aus dem Autofenster geworfen hatte. Der Text durfte natürlich nur kurz sein: »An Marie-Claude Fabius, College Buffémont, Schloß Bussole Lapalisse, Departement Allier. Selbst wenn Du nichts mehr von mir hörst, tagelang, wochenlang, selbst monatelang, sei dennoch gewiß, daß ich zurückkomme und wir uns wiedersehen.« Ich warf die Nachricht aus der vergitterten Luke auf den Schotter. Meine Tochter erhielt sie mit der Bemerkung: »Von Ihrem Papa auf dem Wege nach Deutschland.« Der hilfsbereite Eisenbahner, der den Zettel gefunden hatte, konnte sich nicht vorstellen, daß die Nachricht aus einem Frauentransport kam.

Später erzählte mir Marie-Claude, daß ein anderer Eisenbahner, der zur gleichen Zeit wie ich im Gefängnis Saint-Pierre saß und an dem Tag entlassen wurde, als ich nach Paris überführt wurde, ihre Adresse von Freunden Ferri-Pisanis bekommen und ihr während des ganzen Krieges geschrieben hatte. Der Eisenbahner hatte selbst Kinder und wollte ihr Mut machen. Nach meiner Rückkehr gingen wir zum Bahnhof Saint-Charles, wo er arbeitete, um ihm zu danken. Er freute sich so sehr, daß wir wieder vereint waren, daß diese Begegnung zu den schönsten Erlebnissen meiner Heimkehr gehörte. Es gab in Frankreich nicht nur Feiglinge und Profiteure, sondern unzählige anständige Menschen, wie diesen Eisenbahner, der uns so viel Freundlichkeit entgegengebracht hatte.

Während der Fahrt nach Deutschland teilten wir die Vorräte, die einige von uns mitnehmen konnten. Sie waren eine wertvolle Ergänzung zu dem Schwarzbrot und den ungenießbaren Würsten, die man vor unserer Abfahrt auf dem Bahnsteig verteilt hatte.

Unterwegs kam es öfter zum Streit. Die einen wollten rauchen, die anderen fürchteten, daß das Stroh, auf dem wir saßen – zum Liegen war es zu eng –, Feuer fangen könnte. Wir hätten keine Möglichkeit, unserem rollenden Gefängnis zu entkommen oder irgend jemanden um Hilfe zu rufen.

Auf den Bahnhöfen begegneten uns andere Züge mit Häftlingen. Wir versuchten, während des kurzen Aufenthalts einige Worte mit ihnen zu wechseln. Das mußten vor allem diejenigen versuchen, die abwechselnd für einen kurzen Augenblick das Recht hatten, »an der Luke zu stehen«, um rauszusehen, vor allem aber, um einige Sekunden lang etwas weniger stinkende Luft zu atmen. Die Luft im Waggon war verpestet von den natürlichen Bedürfnissen von achtzig Frauen, die sich um die Kübel drängten, die nur einmal während des einzigen »offiziellen« Halts unseres Transports auf dem Grenzbahnhof in Saarbrücken geleert wurden. Bei diesem Aufenthalt hat die SS uns noch einmal unter den Schlägen ihrer Koppel und Stöcke gezählt.

Auf den wenigen Bahnhöfen, wo der Transport kurz hielt, haben mitleidige Seelen (wahrscheinlich vom Roten Kreuz, jedenfalls bis zur Grenze) sich bemüht, durch die Gitterstäbe unserer Luke alle nur möglichen Gefäße mit Wasser zu füllen. Das gab wieder Anlaß zum Streit. Welch ein Vorteil, wenn man wie ich die Qualen des Durstes nicht spürt.

Die Ankunft in Ravensbrück gleicht in meinen Erinnerungen einem gräßlichen Alptraum. Eine Frau wurde aus unserem Wagen tot herausgeholt. Sie war unterwegs an einer Diabetikerkrise gestorben. Das erwachende Lager – es war fünf Uhr morgens – beschwor die Vision eines Danteschen Infernos in einer weißen Schneenacht herauf. Das Lager war für 15 000 Häftlinge gebaut, zeitweise waren darin jedoch 80 000 gefangene Frauen zusammengepfercht.

Die hohen Schornsteine der Küchen und Krematorien spien ihren Qualm in den Winterhimmel. Frauen ohne bestimmbaren Alters – einige sehr jung, andere sehr alt – kamen uns, die wir solch ein Elend noch nicht gesehen hatten, in ihren blaugrau gestreiften Kleidern wie Gestalten vor, die einem Gemälde der Apokalypse entsprungen waren. Sie stellten sich in Reih und Glied auf, zählten ab, schlugen die Hacken aneinander. Einige schleppten zu zweit riesige Kübel mit einer schwärzlichen Flüssigkeit. Diese Szenen sah ich von weitem.

Die erste Deportierte, die ich im Lager traf, war eine Freundin aus meiner Kinderzeit, Jacqueline Richet, die mit mir das Gefängnis von Fresnes verlassen hatte. Ihre Magerkeit entsetzte mich. Sie hielt einen Schlauch in den Händen, und ich schloß daraus, daß sie für die Pflege der Blumenrabatten vor dem Haus einer hohen Lagerpersönlichkeit verantwortlich war. Ein schwaches Lächeln ging über ihr Gesicht, als sie mich erblickte. Ich aber mußte meiner Kolonne folgen und ein Gespräch auf später verschieben. Wir rückten langsam vor, von Kälte durchdrungen, verstört, erschöpft, humpelnd, von SS-Mannschaften umgeben, die uns brüllend zur Eile antrieben. Ihr Geschrei war sinnlos, absurd, es glich dem Gebell der Hunde, die nur darauf warteten, sich auf uns zu stürzen, sobald wir aus der Reihe traten. Genauso absurd und furchterregend waren die drohenden, verächtlichen Blicke, die uns die Frauen in Uniform zuwarfen.

Es war mir irgendwie gelungen, einen Schaffellmantel, der mich vor der eisigen Kälte dieses Morgens bewahrte, bis zum Eintritt in eine riesige Baracke zu behalten. Hier wurden wir 48 Stunden lang eingesperrt, ohne daß sich jemand um uns kümmerte. Nach diesen zwei Tagen wurden wir in das Verwaltungsbüro geführt und mußten uns jeweils zu zweit vor einigen Tischen aufstellen. Angestellte überprüften unsere Identität, registrierten uns und teilten uns nach Alter, Leistungsfähigkeit, Gesundheitszustand usw. ein. Ich stand neben einer Kameradin aus dem Waggon, einer reizenden Polin aus Warschau, der Gräfin Wanda Krankowska.

Plötzlich lief eine Frau auf sie zu und umarmte sie. Sie sprachen polnisch miteinander, und Wanda stellte mir ihre Kusine vor, die seit zwei Jahren im Lager war. Sie erklärte mir, daß sie eine »Stupowa« (eine Gehilfin der Blockowa, der Blockältesten) sei. Diese waren für die Aufsicht im Block verantwortlich.

Das waren vorwiegend Polinnen, weil sie am längsten im Lager waren. Wandas Kusine warnte uns, auf keinen Fall eine Krankheit oder eine Operation einzugestehen. Wir sollten angeben, daß wir uns einer außerordentlich guten Gesundheit erfreuten.

Nach dem Verwaltungsbüro kamen wir in einen Block, in dem wir uns ausziehen mußten und man uns alle Zivilkleider (auch meinen Pelzmantel) wegnahm. Wir erhielten gestreifte Röcke, Jakken und Unterwäsche. Dann scherte man uns die Haare, man hat uns übrigens überall rasiert, und führte uns gruppenweise in die uns zugewiesenen Baracken.

Bei der Überprüfung der Identität erhielt ich die Bestätigung, daß ich als Terroristin eingeliefert worden bin, meine jüdische Herkunft den Deutschen jedoch unbekannt war.

Ich habe es Wanda zu verdanken – die eine meiner besten Freundinnen während dieses Zwangsaufenthalts in Mecklenburg und auch nach der Befreiung wurde –, daß ich bei den kräftigen Deportierten eingestuft wurde und auch die entsprechende Karte erhielt. Hätte ich die rosa Karte der Kranken erhalten, wäre ich nicht mehr am Leben, um unsere Erinnerungen aufzuschreiben.

Nach der Quarantäne wurden wir zur Arbeit eingeteilt. Wir mußten Straßen für das Deutsche Reich bauen – welch ein Hohn. Wir mußten auch Briketts ausladen, die mit Lastkähnen von Hamburg nach Fürstenberg kamen, das sieben Kilometer vom Lager entfernt war. Sie dienten der Beheizung der Baracken der Häftlinge, der Wohnungen der SS-Bewachung – Männern und Frauen –, der Offiziere und der Soldaten der Wehrmacht, der freiwilligen Gefängniswärter, kurz all derer, die zu Lasten dieser erbarmungswürdigen Masse menschlichen Abfalls lebten, zu dem wir nach und nach wurden.

Erinnerungen stürmen auf mich ein, unzählige schmerzliche, dramatische, empörende, aber auch berührende, ergreifende, erlösende Erinnerungen.

Wie könnte man manche Gesichter vergessen, erstarrt schon vor dem Tode? Wie kann man die nicht enden wollenden Appelle vergessen, mitten in der Nacht, bei eisiger Kälte, Appelle, bei denen viele Kameradinnen zusammenbrachen, besiegt von Kälte und Erschöpfung?

Wie könnte man diese deutschen Frauen vergessen, deren Gesicht niemals von einem Lächeln erhellt wurde, die uns bewachten und sich oft freiwillig zu dieser erniedrigenden Aufgabe gemeldet hatten? Wie könnte man diese Männer vergessen, Wächter, Soldaten, Offiziere, nicht zuletzt Ärzte, die uns befahlen, uns im Hof des Krankenreviers nackt auszuziehen, bei arktischer Kälte im Winter, bei brennender Hitze im Sommer, und die nach Stunden des Herumtrampelns und Wartens herauskamen, um unseren Hals oder unsere Zähne zu untersuchen?

Wie könnte man vergessen, bis zu welcher Stufe der Erniedrigung diese Bewacher manche Kameradinnen herabwürdigten – Frauen aus Polen oder Rußland, aus Frankreich oder Belgien, aus Ungarn, Rumänien oder aus einem der anderen 52 Länder, die in diesem Lager verkamen. Unter ihnen befanden sich immer genügend Frauen, die die scheußliche Aufgabe übernahmen, die anderen zu überwachen, zu schlagen, zu denunzieren, wohl wissend, daß ihre Denunziation den Tod ihrer Kameradin herbeiführen konnte. Dies war, glaube ich, das zynischste Unterfangen, das Nazideutschland gelang: durch eine zusätzliche Essensration oder andere Vorteile bediente man sich des nackten Überlebensinstinkts, der allmählich die schwachen Charaktere herabwürdigte.

Auch heute, nach vierzig Jahren, bewegt mich immer noch die Erinnerung an die kleinen Polinnen, die die Lagerärzte als Versuchskaninchen mißbrauchten, sie verstümmelten, ihnen alle möglichen Krankheiten einimpften.

Nie kann ich die Gefangene vergessen, die bei einem Besuch des SS-Führers Himmler auf diesen zulief, um ihm zu sagen, in welcher Verzweiflung, unter welchen elenden Bedingungen wir lebten, und die noch am selben Tag für immer verschwand.

Ich erhielt eine untere Pritsche zugewiesen, die ich mit einer liebenswürdigen und schönen jungen Frau teilte, Rose-Marie Jones. Sie stammte aus Österreich und war die Tochter eines berühmten Professors aus Wien, Prof. Braun. Sie war in Paris mit einem Chef des britischen Geheimdienstes (Intelligence Service) namens Philip Jones verheiratet. Er bekleidete zur Tarnung eine leitende Stellung bei der Kosmetikfirma Elizabeth Arden, deren Directrice die Comtesse Gladys de Maublanc, die Schwester von Elizabeth Arden war. Philip Jones wurde in seinem Büro von der Gestapo verhaftet. Gladys de Maublanc hatte ihm für seine illegalen Aktivitäten Geld überwiesen. Leider fand man im Notizbuch von Philip Jones einen Hinweis auf diese Summe. So wurde auch Gladys de Maublanc verhaftet. Philips Frau Rose-Marie wurde ebenfalls festgenommen und deportiert. Beide Frauen waren also in meinem Transport und auch in meinem Block. Gladys de Maublanc war eine freundliche Gefährtin. Sie wurde sehr schnell freigelassen, weil ihre Schwester aus New York eine sehr hohe Kaution überwiesen hat. Außerdem intervenierte ihr Ehemann, Comte de Maublanc, ein Petain-Anhänger.

Rose-Marie, die meine Pritsche teilte, wurde bald eine gute Freundin. Wir waren gleichaltrig, hatten Kinder im gleichen Alter und unsere erzwungene Tatenlosigkeit erlaubte uns endlose Gespräche. Sie war sehr gebildet und sprach fließend drei Sprachen. Wegen ihrer perfekten Sprachkenntnisse besorgte die »Blockowa« ihr einen Posten als Haushaltshilfe. Diese »Blockowa« hatte einen deutschen Vater und eine englische Mutter und wurde – was sehr selten war – wegen ihrer Gerechtigkeit ihren »Pensionärinnen« gegenüber sehr geschätzt. Sie endete übrigens im Strafblock.

Diese bevorzugte Stellung von Rose-Marie brachte uns viele zusätzliche Essensportionen ein, die sie kameradschaftlich teilte. Leider bekam sie ungefähr sechs Wochen nach unserer Einlieferung Diphtherie und wurde ins Krankenrevier gebracht, wo sie sich bald aufgab und starb. Sie war so voller Entsetzen über alles, was sie im Lager und vor allem im Krankenrevier gesehen hatte.

Ihr Tod war für mich ein großer Schock. Ich war völlig allein, ohne Freundin, ohne Hilfe. Von meinen Kameradinnen aus Marseille und Romainville, besonders von Andrée Girard, war ich getrennt worden. Sie sind in einen anderen Block gekommen und wurden bald darauf auf ein Außenkommando nach Österreich geschickt.

Ich habe erst später erfahren, daß diese Trennung von meinen alten Gefährtinnen auf Wunsch von Rose-Marie erfolgt war. Sie fand mich während unseres Transports in unserem Viehwaggon mutig und sympathisch und hat – ohne mich nach meinen Wünschen zu fragen – darum gebeten, daß ich aus dem Block meiner Freundinnen gegen eine andere Kameradin ausgetauscht wurde, damit wir unsere im Zug begonnenen Unterhaltungen fortsetzen konnten. Ich erfuhr dies erst nach ihrem Tode von der Blockowa.

Dieser Tod stürzte mich in völlige Lethargie. Ich sprach nicht mehr, ich aß nicht mehr und konnte nicht schlafen. Um der Wahrheit willen muß ich anerkennen, daß die Blockowa versucht hat, mich zu trösten. Nach acht Tagen dieser defätistischen Haltung, die völlig im Gegensatz zu meinem kämpferischen Charakter stand, trat Tatiana de Fleurieu in mein Leben. Sie kam zu mir und sagte: »Odette Fabius, ich kann nicht zulassen, daß eine Frau Ihres Charakters sich nicht zusammenreißt, trotz des Schocks, den Sie erlitten haben. Sie haben Ihrer Familie und vor allem Ihrem Kind gegenüber die Pflicht, sich aufzuraffen und zu leben. Übrigens«, fügte sie hinzu, »bin ich von der anderen Blockhälfte herübergewechselt und werde Sie im Auge behalten.«

Ich war verblüfft, daß sie so viele Einzelheiten über mich wußte. Später erfuhr ich, daß die Blockowa vieles von Rose-Marie wußte und es ihr erzählt hatte. Es war wie ein Hoffnungsstrahl in meiner Verzweiflung. Ich würde wieder eine Freundin haben.

Als ich in diesen Block gekommen war, kannte ich niemanden. Doch Tatiana de Fleurieu war mir in der Masse der Neuankömmlinge aufgefallen. Sie war vielleicht fünfzehn Jahre älter als ich und ihre heitere Schönheit beeindruckte mich. Sie war groß, hatte trotz der geschorenen Haare den Kopf einer Madonna. Sie strahlte eine

Vornehmheit und eine so tiefe Güte aus, daß man sich unweigerlich zu ihr hingezogen fühlte.

Aber die Baracken waren durch das Büro der Blockältesten in zwei Hälften getrennt. Wenn man sich also nicht in derselben Hälfte mit einer Kameradin befand, hatte man wenig Möglichkeiten, sich zu begegnen, außer morgens und abends beim Appell, bei dem man nicht sprechen durfte.

Dieses traurige Ereignis bewirkte, daß ich mich Tania de Fleurieu anschloß. Wir waren bei unserer Ankunft in Quarantäne gesteckt worden, weil Scharlach im Block aufgetreten war. Außerhalb der Appelle war dieses Regime ganz erholsam. Tatiana de Fleurieu war in Rußland geboren, wo ihr Vater im Außendienst einen Posten bekleidete. Sie hatte sich bereits im ersten Weltkrieg ausgezeichnet. Sobald sie alt genug war, hatte sie sich als Sanitäterin und Krankenschwester zum Sanitätsdienst gemeldet. Als im Zweiten Weltkrieg alles um uns herum zusammenbrach, gehörte sie zu den ersten, die die Niederlage nicht hinnehmen wollten. 1942 trat sie in die Widerstandsgruppe ein, die später unter dem Namen »Casille« bekannt wurde, arbeitete in Bordeaux als Verbindungsmann und unterstützte die sich allmählich herausbildende Resistance in der Südwestregion. 1943 wurde sie Mitglied der Gruppe »Buckmaster«. Sie war beauftragt, entflohene Kriegsgefangene, mit dem Fallschirm abgesprungene Verbindungsleute und selbst Seminaristen kirchlicher Einrichtungen, die das deutsche Joch ablehnten, zu beherbergen, zu sammeln und ihre Weiterleitung zu organisieren. Dabei hat sie sie oft persönlich der bewaffneten Widerstandsbewegung der FFL (Forces Françaises Libres) zugeführt. 1943 wurde Tatiana de Fleurieu denunziert und einige Tage auf der Festung Hâ inhaftiert. Im Januar 1944 kam sie nach Compiègne, von wo aus sie mit dem besagten Transport der 27 000er nach Ravensbrück deportiert wurde.

Inmitten des Terrors, den wir durchmachen mußten, war sie ein Beispiel an Mut und Würde, immer bereit, ihren Kameradinnen zu helfen. Sie beklagte sich niemals und war von einer großen Einfachheit. Dennoch wagte niemand, sie zu duzen. Ihre überlegene Haltung half mir in den schwersten Augenblicken. Nach meiner mißglückten Flucht im Sommer 1944 ist es ihr gelungen, mir in der furchtbaren Atmosphäre des Strafblocks, zu dem ich verurteilt war, durch eine Polizistin oder eine Blockowa mal ein kleines »Extra«, mal ein tröstendes Wort zukommen zu lassen. Ich möchte eine Begebenheit erwähnen, die sie deutlich charakterisiert. Wir hatten bis dahin beide keine Pakete erhalten. Als ich eines Tages mit der geschulterten Schaufel von der Arbeit kam, erwartete sie mich vor unserem Block und machte mir ein Zeichen. Sie hatte ein Paket erhalten! Es war am Vormittag angekommen und sie hatte meine Rückkehr um 19 Uhr abgewartet, um mit mir die Freude zu teilen, dieses unerwartete Geschenk zu öffnen. Dabei erhoffte sie, darin Nachrichten von ihren vier Kindern zu finden. (Sie fand sie im Saum eines Rockes eingenäht.) In dem Paket befand sich auch ein Kilo Würfelzucker. Sie stellte es geöffnet auf ihr Bett und hielt es jeder Kameradin hin, als würde sie einen Bonbon anbieten. Das Kilo war bald alle. Ich glaube, man muß Ravensbrück oder zumindest die Deportation erlebt haben, um die Größe dieser Geste zu begreifen. Tatiana de Fleurieu wurde im Mai 1945 befreit und nach Stockholm zu Verwandten gebracht.

Gleich nach ihrer Rückkehr nach Frankreich arbeitete sie für die Association des Français Libres. Später zog sie zu ihrem Mann, dem Grafen Ernest de Fleurieu, der auf seinem Schloß Longsard im Dorf Arnas wohnte, dessen Bürgermeister er war. Es liegt sechs Kilometer von Villefranche-sur-Saône im Gebiet von Beaujolais. Tatiana kümmerte sich aktiv um soziale Aufgaben in der Region. Sie war sehr gläubig, aber gleichzeitig sehr liberal, sie wurde »die gute Dame von Arnas« genannt. Sie sprach niemals von ihrem Widerstandskampf während des Krieges, aber sie traf sich gerne mit Freunden aus der Resistance.

Sie war Ehrenpräsidentin der ehemaligen Widerstandskämpfer der Region. Im Alter von 84 Jahren hat sie uns ganz plötzlich verlassen. Sie erlitt einen Infarkt, als sie im Vollbesitz ihrer Kräfte ihr Auto durch diese Gegend des Beaujolais steuerte, die sie so liebte. Ihr klarer Verstand, ihre Intelligenz, ihre Güte und ihre Kenntnis der Menschen, für die sie große Nachsicht fühlte, machten sie zu einer wirklich ungewöhnlichen Frau. Sie ging von uns, wie sie gelebt hatte und hinterließ die Erinnerung an Güte, Größe, Mut und Würde. Wenn ich an sie denke, fallen mir unweigerlich die endlosen Appelle ein, die ständig wiederholt wurden, weil bei der Zählung der tausenden Gefangenen, die in Zehnerreihen vor ihren jeweiligen Blocks angetreten waren, angeblich ein Fehler vorgekommen war. Die SS-Leute begannen ständig von neuem ihr Abzählen, wobei sie sich so oft wie möglich ablösten, bis die Ursache des Fehlers entdeckt oder die fehlende Person gefunden war.

Ich erlebte einen 1. Januar im Lager, einen einzigen. Ich erinnerte mich an das Weihnachtsessen im Fort von Romainville im Jahr zuvor und dachte, daß uns in Ravensbrück – trotz der unterschiedlichen Behandlung – eine kleine Pause gegönnt wurde, in der Gewalt und Unterdrückung vielleicht weniger hart, weniger grausam wären, vielleicht sogar vorübergehend ausgesetzt würden. Ich ging nicht so weit, eine Amnestie für die schwersten Strafen zu erhoffen, aber beinahe. Ich war also im Strafblock. Um Mitternacht des 31. Dezember wurden wir unter dem Vorwand geweckt, der Lagerkommandant wolle zu uns sprechen. War das die Gelegenheit zu einer versöhnlichen Neujahrsrede? Vorher wurden wir abermals einem allgemeinen Zählappell unterzogen. Der Kommandant erschien in einem Konzert von Gebrüll, in die Luft gefeuerten Revolverschüssen, Hundegebell, Geschrei von Frauen, die aus dem Schlaf gerissen und voller Angst vor den Wachhunden waren. Als einigermaßen Ruhe herrschte, ergriff der Kommandant das Wort. Er erklärte uns, daß der Sieg des Großdeutschen Reiches bevorstehe. Er wisse, daß es Gerüchte im Lager über das Vorrücken der Alliierten und angeblicher russischer Siege sowie über die Befreiung Frankreichs gäbe. Er dementierte diese Gerüchte nicht direkt, aber wir sollten verstehen, daß all diese für Deutschland scheinbar nachteiligen Ereignisse in Wirklichkeit vom Führer selbst gewollt seien, dessen militärisches Genie nicht mehr bewiesen werden müsse. Anglo-Amerikaner sowie Sowjets seien in die Falle gegangen. Der deutsche Rückzug sei nur eine Taktik, und diese Taktik werde siegen. Hatte die Wehrmacht nicht den Beweis erbracht, indem sie kürzlich den Einbruch an der Maas abgeriegelt hat? Zu Ostern würde der Krieg zu Ende sein. Die plutokratische und bolschewistische Gefahr wäre ein für allemal beseitigt. Aber bis dahin müßten das Reich und die Bürger der von ihm besetzten Länder noch eine außerordentliche Anstrengung vollbringen. Auch wir müßten uns ehrlich bemühen, unsere Leistung zu erhöhen und mit größerem Fleiß als bisher arbeiten. Der endgültige Sieg des Reichs und als Konsequenz unsere Rückkehr in unsere jeweiligen Länder wären unser Lohn. Aber wehe, wenn wir, statt unsere Anstrengungen zu verdoppeln, uns gehen ließen und langsam arbeiteten. Ein Versagen unsererseits würde für alle fürchterliche Strafen zur Folge haben. Wollten wir ein Beispiel sehen? Wir bekamen also unsere Vorstellung, unser Neujahrsgeschenk. Eine deutsche kriminelle Gefangene, die mit uns im Strafblock war – ich weiß nicht, welches Verbrechen sie begangen hatte –, wurde herbeigeführt und auf der Stelle vor unseren Augen erhängt. Damit wir uns dieses Beispiel gut einprägten und die Warnung nicht mißachteten, wurden wir gezwungen, bis zum Morgenappell um den Leichnam am Galgen herumzugehen. Das war meine Neujahrsnacht 1944/1945.

Die Zigeunerinnen, die auch in unserem Lager waren, blieben mit ihren Kindern unter sich. Sie hatten sehr wenig Kontakt mit uns, den Seßhaften. Sie wandten sich nur an uns, um uns Tauschgeschäfte vorzuschlagen. Sie fabrizierten, weiß Gott wie, Holzlöffel und tauschten sie gegen eine Brotration. Zum Schluß wurden sie alle umgebracht. Nach Auffassung von Hitler und seinen fanatischen Anhängern war für das Volk der Zigeuner kein Platz auf dem Planeten der Arier.

Es war uns gelungen, in unserem Block zwei oder drei Monate lang ein kleines Zigeunermädchen von ungefähr acht Jahren zu verstecken, dessen Mutter umgekommen war. Während des Appells verbargen wir es unter einer Matratze. Wir legten die Kleine natürlich so hin, daß sie atmen konnte. Sie war ein zauberhaftes und sehr fröhliches Kind. Wir gaben ihr alle einen kleinen Teil unserer Essensration. Da wir sehr viele im Block waren, hatte sie genügend zu essen. Wir alle, die wie ich draußen arbeiteten, freuten uns schon darauf, sie am Abend nach der erschöpfenden Schufterei wiederzusehen. Durch sie fühlten wir uns wieder als Mütter. Die Ledigen, die keine Kinder hatten, verwöhnten sie genauso wie wir.

Als ich eines Abends von der Arbeit kam, fand ich sie nicht dort, wo sie gewöhnlich versteckt wurde. Ich suchte sie vergeblich im Block. Niemand hatte sie seit dem Morgen gesehen. Und niemand erfuhr jemals das Schicksal unserer kleinen Zigeunerin.

Nicht alle Blockältesten waren Ungeheuer. Meine war eher freundlich und landete deshalb auch im Strafblock. Ich frage mich sogar, ob sie nicht im Lager umgekommen ist.

Die Blockältesten waren auch Häftlinge. Das deutsche System bestand darin, die Gefangenen gegeneinander auszuspielen, um Zwietracht zu säen. Die »Rotbinden« bildeten die Lagerpolizei. Sie trugen eine rote Armbinde und immer eine Peitsche in der Hand. Sie waren Freiwillige und am brutalsten, ebenso wie die deutschen »Offizierinnen«. Sie wollten ihre Strenge beweisen, um eine Sonderration Essen zu bekommen.

Anfangs waren die Blocks nach Nationalitäten aufgeteilt. Das Lager existierte seit 1941. Es war von Polinnen erbaut worden. Wir waren die 27 000er. Ich hatte zum Beispiel die Nummer 27 293. Manche wurden auf Außenkommandos geschickt, aber einige kamen wieder zurück. Wieviel Überlebende gab es von den 26 000, die vor uns eingeliefert worden waren? Es war unmöglich, das zu erfahren.

Das Durcheinander, das zum Schluß im Lager herrschte, kam daher, weil die Ordnung von den Häftlingen abhing. Die Deutschen waren vor Angst versteinert, denn sie wußten, daß der Krieg zu Ende ging und Deutschland besiegt war. Also bemühten sie sich, weniger hart zu sein. Viele Deutsche hatten sich freiwillig zur Lagerpolizei gemeldet. Die Küchen unterstanden meist den Polinnen. Sie machten sich Geschenke und waren viel besser ernährt als die anderen. Viele von ihnen haben überlebt. Andererseits hat man aus ihren Reihen die Versuchskaninchen für medizinische Experimente ausgewählt, die oft tödlich endeten. Wir wußten das, aber wir konnten nichts tun, als die Armen zu bedauern. Wir im Lager wußten nicht viel über die Gaskammern. Anfangs gab es keine in Ravensbrück. Aber in den letzten sechs Monaten mußten wir an der Errichtung geheimnisvoller Gebäude arbeiten. Einige Kameradinnen wußten vielleicht, wofür sie bestimmt waren. Ich wußte es lange nicht. Ich schichtete die Ziegel übereinander und erfuhr erst später, daß ich vielleicht am Bau einer Gaskammer mitgewirkt hatte. Meine Arbeit bestand darin, die Leichen zum Krematorium zu fahren.

Da in den Krankenrevieren jede Woche viele Schwerkranke »ausgesondert« wurden, konnte ich mir denken, daß sie »liquidiert« wurden, aber wie »das« in Ravensbrück vor sich ging, wußte ich nicht. Ich wußte, daß es die berüchtigten »Jugendlager« gab, wo man schwache Frauen hinbrachte. Man sagte ihnen, daß sie dort vielleicht etwas weniger zu essen bekämen, daß es nicht ganz so bequem sei, aber daß sie jedenfalls nicht zu arbeiten brauchten. Wir wußten, was das »Jugendlager« bedeutete: das Lager des langsamen Todes.

Eine meiner Freundinnen aus Biarritz, die verhaftet worden war, weil sie eine englische Journalistin bei sich beherbergt hatte, wäre beinahe in diese Falle gegangen. Ginette Boyessen war älter als ich. Sie war die Geliebte des Grafen von Arcangues, eine der Berühmtheiten an der baskischen Küste. Ich sah, wie sie in Ravensbrück ankam. Auf meine Frage, warum sie deportiert worden sei, erzählte sie mir, daß sie während eines Abendessens bei einem Rechtsanwalt in Bayonne, zu dem auch der Direktor der Zeitung »La petite Gironde« und seine Frau eingeladen waren, verhaftet worden sei. Die beiden anderen sind gleich wieder freigelassen worden. Sie hatte überhaupt nichts mit Politik zu tun.

Um ins »Jugendlager» zu kommen, mußte man über 50 Jahre alt sein, und das war sie. Ich war entsetzt, daß sie sich freiwillig meldete. »Ginette, ich flehe dich an«, sagte ich, »melde dich nicht, du kommst nie wieder raus.« Aber sie antwortete mir. »Ich kann nicht mehr arbeiten, ich bin zu erschöpft.« Sie ließ sich in die Liste eintragen. Sie war die Letzte, und die Liste war vor ihr komplett. Sie ist also nicht ins »Jugendlager« gekommen. Aber vierzehn Tage oder einen Monat später wurde sie zum Enttrümmern nach Hamburg abkommandiert. Zu dieser Arbeit marschierten die Frauen in Kolonnen von je zehn Gefangenen. Eine Kolonne marschierte voraus und hob Gruben aus. Diejenigen, die nicht schnell genug vorankamen, wurden in die Gruben gestoßen und mit einem Kopfschuß getötet. Auf diese Weise ist Ginette umgekommen ...

Einige Kameradinnen sind aus Hamburg zurückgekehrt und berichteten mir von Ginettes Tod. Nach dem Krieg besuchte mich ihr letzter Freund, um mich zu fragen, ob ich wüßte, wie Ginette gestorben sei. Er sah sehr unglücklich aus. Drei Monate später heiratete er.

Die Französinnen kamen sehr oft zusammen. Sie bildeten in zwei oder drei Blöcken die Mehrheit. Wir trafen uns auf der Lagerstraße, dem Spazierweg des Lagers. Wir hatten aber auch geheime Nachrichtenwege. Man wußte, wann ein neuer Transport mit Landsleuten eintraf. Meine Freundin Wanda Krankowska eilte jedesmal zum Eingang, um festzustellen, ob ihre Tochter Moirka dabei wäre. Sie kam jedesmal glücklich wieder, weil sie nicht dabei war. Leider kam ihre Tochter Moirka eines Tages doch an. Als ich meine Barakke betrat, empfing mich Tatiana Fleurieu mit den Worten: »Es ist furchtbar ... sie ist da ...«

Wanda ist aus dem Lager heimgekehrt, Moirka auch. Sie hat einen Schweden geheiratet, aber das Leben in Malmö gefiel ihr nicht und sie kehrte zu ihrer Mutter nach Paris zurück. Nach ihrer Scheidung heiratete sie einen Franzosen, mit dem sie zwei Söhne hat.

Was uns half, in Ravensbrück durchzuhalten, war die tiefe Freundschaft, die einige von uns verband. Natürlich hatte ich in meinem Leben viele Freunde. Aber im Lager war das etwas anderes. Gefühle wurden auf eine andere Weise erlebt. Unsere Tage verliefen im tiefsten Elend, in der schwärzesten Verzweiflung. Ich erlebte, daß junge Mädchen aus Mangel an Hoffnung starben, trotz all meiner

Bemühungen – und die der anderen –, an das Leben zu glauben. Eine war verhaftet worden, weil sie Leuten, die gesucht wurden, nichtsahnend ein Paket brachte. Diese konnten sich retten. Als sie im Sterben lag, sagte sie mir einfach: »Ich halte es nicht mehr aus.« Ich schloß ihr die Augen. Sie war zweiundzwanzig.

Nach meiner Rückkehr nach Paris wollte ich ihre Eltern besuchen und ihnen von ihr erzählen. Sie hatten am selben Tag erfahren, daß ihr Sohn im Konzentrationslager Dachau umgekommen war.

Wie ist es mir gelungen, der »Endlösung« zu entgehen? Kurz vor Schluß, als ich im Krankenrevier war, bedeckt von Geschwüren einer Avitaminose, hat mich eine deutsche Ärztin gerettet. Sie war ganz und gar nicht antinazistisch eingestellt. Sie war wegen Schwarzmarktgeschäften im Lager. Vor diesem »Unfall« war sie Ärztin in Berlin. Sie hatte in Philadelphia studiert und sprach englisch so gut wie deutsch. Sie langweilte sich in einem Block mit Französinnen, von denen vor meiner Ankunft keine englisch sprach. Mein sprachlicher Vorteil war der Grund unserer guten Beziehungen. Sie unterhielt sich gern und setzte sich oftmals auf mein Bett. Meine Freundin Mops de Ripper, eine überzeugte Antifaschistin, deren jüdischer Vater der berühmte Autor und Freud-Schüler Sternheim aus Düsseldorf war, nahm oft an unseren Gesprächen teil. Mops war sehr gebildet, sie war Dolmetscherin beim politischen Dienst der Lagerleitung und kam daher an viele Informationen heran, die sie an die Zuverlässigsten von uns weitergab. Sie hatte der Ärztin erzählt, daß ich der gehobenen Pariser Gesellschaft angehörte und alle Berühmtheiten kannte. Ich sei sogar am englischen Hof vorgestellt worden. Diese – ausgedachte – Geschichte brachte mir ein unerhörtes Prestige bei der Ärztin ein, die ganz wild vor Snobismus und Neugier war. Sie fragte mich oft nach dem Protokoll am englischen Hof und was ich sonst über die königliche Familie wußte. Sie hatte das Gemüt eines jungen Pariser Nähmädchens, das aber über die fürchterliche Macht verfügte, über die Liquidierung von Kranken zu entscheiden. So freundlich sie auch zu mir in Ravensbrück gewesen ist, so konnte ich doch nicht die schreckliche Rolle vergessen, die sie gespielt hat. Nach dem Kriege wurde sie in Deutschland verhaftet und wegen Kriegsverbrechen angeklagt. Sie zögerte nicht, mir nach Paris zu schreiben und ein günstiges Zeugnis von mir zu erbitten. Ich habe zu viele Kameradinnen gekannt, die sie in den Tod geschickt hat, als daß ich ihren Wunsch erfüllen konnte. Ich schrieb ihr und schickte ihr ein Paket. Nach ihrer Entlassung ging sie nach Amerika, wo sie ein neues Leben begann.

Ich wurde ein zweites Mal von ihr gerettet, diesmal mit Hilfe der französischen Krankenschwester Claudine Masse. Diese behauptete bei einer Kontrolle, daß ich völlig gesund sei, sie ließ dem Kontrolleur nicht mal Zeit, mich anzusehen. Sie versicherte ihm, ich würde sehr bald wieder zur Arbeit gehen.

Als ich das nächste Mal aufgerufen wurde, sagte Claudine zu mir: »Versteck dich auf der Toilette der Ärztin, sie hat es mir eben gesagt.« Diese Worte hörte eine Schweizer Deportierte, die im Bett über mir lag. »Warum diese Vorzugsbehandlung?« fragte sie. »Dafür gibt es keinen Grund.« Claudine eilte zu ihr und drohte: »Noch ein Wort, dann melde ich dich und du gehst an ihrer Stelle.« Die andere verstummte.

Auf der Toilette hörte ich, wie mein Name aufgerufen wurde, einmal, zweimal, dreimal, dann gab der Kontrolleur auf und sagte einfach: »Dann eben nächste Woche.«

Aber in der nächsten Woche – es ging dem Ende entgegen – war das Durcheinander in dem Lager schon so groß, daß es keinen Kontrolleur mehr gab, keinen Aufruf mehr zu einem unbekannten Bestimmungsort, von dem es keine Rückkehr gab.

Ich war immer wieder erstaunt – sicher ein Zeichen meiner Arglosigkeit –, wenn ich feststellte, daß die Leiden, die wir alle gemeinsam erduldeten, nicht bewirkten, daß die Vorurteile und die Nichtachtung des anderen verschwanden, die angesichts des uns bedrohenden Todes mit jedem Tag absurder und empörender erschienen.

Eines Morgens nach dem Appell fragten unsere Bewacher, ob sich Freiwillige für den Dienst im Armeebordell melden würden. Ein empörtes Gemurmel antwortete. Die SS-Männer bestimmten also vier Häftlinge, die als Prostituierte eingetragen waren. Sie verließen sofort den Block. Am Abend kamen zwei beschämt zurück. Sie waren aus gesundheitlichen Gründen abgelehnt worden. Die eine, Chantal, fragte mich zitternd, was ich über sie denke. Um sie zu beruhigen, antwortete ich: »Ich denke, daß du Glück hattest, weil du diesen Beruf schon früher ausgeübt hast, denn du könntest durch intime Kontakte mit Offizieren eine Möglichkeit finden, zu fliehen, während wir noch nicht einmal davon träumen können.«

Vielleicht hat sie mir geglaubt, sie war jedoch nicht völlig beruhigt.

»Madame de Fleurieu wird mit mir nicht mehr so sprechen wollen wie bisher«, sagte sie. Ich wußte, daß sie, wie die meisten von uns, große Bewunderung für Tatiana empfand und daß sie an den religiösen Veranstaltungen teilnahm, die diese abhielt. »Hab keine Angst«, beruhigte ich sie, »Madame de Fleurieu ist eine wahre Christin und eine echte Widerstandskämpferin. Dein Beruf geht nur dich allein etwas an. Bis jetzt hast du dich allen Kameradinnen gegenüber gut verhalten. Ihre Einstellung wird sich dir gegenüber nicht ändern.«

Dennoch hat eine Kameradin vorgeschlagen, die beiden »gefallenen Mädchen« in Quarantäne zu tun. Bei der schlechten Behandlung hätte eine totale Isolierung sie moralisch sehr geschwächt. Diese unerbittliche Richterin war eine anmaßende Person, die ständig damit angab, daß sie in Frankreich ein Adelsschloß besaß. Wir haben sie deshalb »Madame zwei Schlösser und sechs Türmchen« genannt. Da sie immer ihre Frömmigkeit hervorhob, machte ich ihr klar, daß die Verurteilung dieser unglücklichen Prostituierten nicht dem Evangelium entspreche, auf das sie sich so oft berufe. Die arrogante Person sah mich von oben herab an: »Mit welchem Recht sprechen Sie vom Evangelium, Sie, die Sie nicht einmal unserer Religion angehören?«

Zum Glück hatte Tatiana das Gespräch mitgehört.

»Schweigen Sie«, sagte sie zu der »Richterin«, »Odette Fabius ist sicher christlicher als Sie.«

Ihr Ton erlaubte keine Widerrede. Alle Kameradinnen stimmten uns zu. Tatiana und ich sowie die beiden vom Bordell zurückgewiesenen Mädchen wurden nicht geächtet.

Als »Madame zwei Schlösser, sechs Türmchen« mich nach dem Krieg in der Öffentlichkeit traf, kam sie zu meiner Überraschung lächelnd auf mich zu: »Liebe Freundin, welch ein Glück, Sie endlich wiederzusehen!« Ich glaube sogar, daß sie die Arme ausbreitete. Jedenfalls machte sie ein sehr verdutztes Gesicht, als ich ohne sie zu beachten weiterging.

Der Unterschied zwischen dem »normalen« Block und dem Strafblock war sehr groß. Im normalen Block ging ich jeden Tag mit einer Gruppe Gefangenen die sieben Kilometer nach Fürstenberg. Wir mußten Briketts von den Lastkähnen abladen, die über die Kanäle aus Hamburg kamen. Eines Tages fiel ich in den Lagerraum hinunter. Die Besitzerin des Schiffs wollte mir ein Glas Schnaps zur Stärkung reichen. Doch der Soldat, der uns bewachte, riß ihr das Glas aus der Hand und warf es in den Kanal, wobei er so herumbrüllte, daß die Schiffersfrau es nicht mehr wagte, uns anzusehen, während ihre Kinder dicht neben uns spielten.

Zur Arbeit der »normalen« Häftlingskolonnen gehörte der Straßenbau. Ich war ihm einige Zeit zugeteilt. Diese Arbeit war viel anstrengender als die Entladung der Kohlenschiffe. Wir mußten sehr große Steine auf eine Karre laden, sie bis zu einem bestimmten Platz schieben und wieder abladen.

Ich wurde auch mit einer Kolonne zum Holzfällen in den Wald geschickt. Jeder erhielt eine Axt, die mir entsetzlich schwer vorkam. Ich frage mich heute noch, woher ich die Kraft hatte, zuzuschlagen. Und doch hackte ich den ganzen Tag und fällte ein oder zwei Bäume – vielleicht nicht sehr große.

Am zweiten Tag kamen drei höhere Offiziere vorbei und schauten uns bei der Arbeit zu. Mit der mir eigenen Dreistigkeit wandte ich mich an sie und fragte: » Spricht einer von Ihnen französisch?« Überrascht verneinten die Offiziere. »Do you speak english?« – »Yes« antworteten sie fast gleichzeitig. Ich sagte ihnen auf englisch, daß ich es skandalös finde, daß man Frauen zum Bäumefällen zwinge. Das sei Männerarbeit. Und auch als Gefangene des Großen Deutschen Reiches würden wir immer noch dem weiblichen Geschlecht angehören.

Die drei Offiziere blickten mich mit versteinerten Gesichtern an und verschwanden ohne ein Wort. Die Leiterin unserer Gruppe hätte mir ihre Mißbilligung ausdrücken können, aber sie tat es nicht. Hatte sie vielleicht Angst? Die Tatsache, daß die Offiziere mir fast höflich zugehört hatten, verunsicherte sie. Am nächsten Tag war vom Bäumefällen keine Rede mehr.

Im Strafblock war die Schinderei entsetzlich. Sie bestand zum Beispiel darin, die Exkremente des ganzen Lagers in Schubkarren wegzufahren. Diese mußten – das war Vorschrift – bis an den Rand gefüllt sein. Wenn wir sie anschoben, schwappten sie über und der stinkende Inhalt floß über unsere Hände, unsere Beine, unsere Füße. Zum Ausleeren der Karren mußten wir sieben Kilometer zu Fuß zurücklegen. Der Inhalt sollte das Ackerland düngen und fruchtbare Erde für das Großdeutsche Reich schaffen. Wir durften die Schubkarren nicht nur einfach auskippen, sondern mußten darauf achten, daß die Exkremente richtig in die Erde eindrangen. Dazu mußten wir unsere Holzpantoffeln ausziehen und mit unseren nackten Füßen die Exkremente in den Boden stampfen – so wie die Winzer die Trauben mit nackten Füßen in den Bottichen zerstampfen. Diese zusätzliche Arbeit war »technisch« gar nicht nötig und ist nur ein schwaches Beispiel für den Sadismus unserer Kerkermeister.

Eine andere Fronarbeit im Strafblock bestand darin, Leichen einzusammeln. Mit einem Plattenwagen machten wir uns auf den Weg durch das Lager. Eine Gefangene zog den Wagen an den Deichseln, eine andere schob. An jeder Seite gingen zwei Kameradinnen zum auf- und abladen, die unterwegs auch schieben halfen. An jeder Baracke fragten wir nach, ob es in der Nacht Todesfälle gegeben hatte. War das der Fall, ergriffen wir die Leiche an Armen und Füßen, hoben sie hoch und warfen sie mit dem Ruf »eins, zwei, drei, hopp« auf den Karren. So gingen wir von einem Block zum anderen. Wenn zwanzig Leichen auf dem Karren waren, mußten wir unsere makabre Ladung am Ofen des Krematoriums abladen. Die Norm war zwanzig Karren pro Tag, das ergab einen Durchschnitt von täglich 400 Leichen.

Ich vermag nicht zu sagen, welche Schinderei schlimmer war, das Abfahren der Exkremente oder das Einsammeln der Leichen. Ich habe beides kennengelernt. An die Abfuhr der Exkremente bewahre ich eine traurige Erinnerung, weil immer eine Kameradin auf dem Weg zusammenbrach. Wenn es möglich war, hoben wir sie auf die Karre, aber meistens ließen wir sie an der Straße liegen, es war leichter auf dem Rückweg, weil die Karre leer war. Aber meistens fanden wir sie nicht wieder. Wo war sie geblieben? Hatte man sie mitgenommen? Wer? Wo hatte man sie hingebracht? Es war unmöglich, das herauszufinden. Wir waren Zehntausende Deportierte im Lager, aber man erfuhr selten, was aus den Einzelnen geworden ist.

Der Name Ravensbrück ruft in mir merkwürdigerweise auch Erinnerungen hervor, die frei von jedem Schrecken sind, Augenblicke voller Anmut, Zartheit und vielleicht sogar Erfüllung. So war ich lange Zeit aufgewühlt von einem Sonnenaufgang im September über Mecklenburg. Ich hatte es mir in den Kopf gesetzt, einen Sonnenaufgang über dieser Hölle zu sehen.

So entschloß ich mich eines Morgens, das Durcheinander im Waschraum auszunutzen, um unbemerkt vor dem Fünf-Uhr-Appell hinauszuschlüpfen und die Landschaft zu betrachten. Ich entdeckte ein feenhaftes Schauspiel. Bis zum Horizont erstrahlte der Himmel in einem bleichen Rosa mit kaum wahrnehmbaren silbrigen Reflexen. Diese großartige Morgenröte – niemals hätte ich sie mir so vorgestellt! Ich fühlte mich wie im Innern einer riesigen Muschel, deren zarte Farben von solcher Leuchtkraft waren.

Völlig aufgewühlt kehrte ich in den Block zurück und sagte zu Tatiana de Fleurieu diesen zumindest überraschenden Satz: »Ich weiß jetzt, warum ich in Ravensbrück bin.«

»Warum?« fragte Tatiana lächelnd. »Weil ich einmal in meinem Leben diesen Sonnenaufgang über Deutschland sehen mußte. Das ist sicher der Grund, der mich hierher geführt hat.«

Meine arme Tatiana war ganz erschrocken und fühlte mir den Puls. Gleichzeitig machte sie einer unserer Kameradinnen, France Aymon, Ärztin aus Vendôme, unauffällig ein Zeichen. Diese kam auf mich zu und sagte: »Na, Fabius, ist was nicht in Ordnung?« Ich begriff, daß sie sich um meinen Geisteszustand sorgten. Machte ich auf sie den Eindruck, irre zu reden? Um sie zu beruhigen, fiel mir nichts anderes ein, als ihnen zu sagen: »Es ist alles in Ordnung, ich habe eben etwas Wunderbares erlebt!«

Sehr bewegende Erinnerungen bewahre ich auch an manche Sonntagvormittage. Jeden vierten Sonntag hatten wir frei. Tatiana de Fleurieu rief dann alle »wahren« Gläubigen des Blocks zusammen und rezitierte und sang die Messe. Das war natürlich verboten. Doch die Lieder klangen nur um so schöner. Es mußte immer jemand Wache halten, damit wir nicht entdeckt oder denunziert wurden. So wurde eine Gruppe von Wächtern gebildet, und der Gipfel der Ironie war, daß ich zur obersten Wächterin ernannt wurde. Mein jüdisches Blut drängte mich, meine Aufgabe sehr genau zu erfüllen, und ich spürte eine große Freude, mich mit meinen Kameradinnen in ihrem Glauben solidarisch zu fühlen.

Andere »gute Erinnerungen« kommen mir ständig in den Sinn. Im Strafblock waren wir mit gefangenen weiblichen Soldaten der sowjetischen Armee zusammen, die jede Gelegenheit wahrnahmen, uns zu schlagen, unsere Eßgeschirre und unsere Holzpantinen zu stehlen. Plötzlich ließen sie von uns ab, diskutieren kurz miteinander und stürzten sich in einen wilden Tanz. Sie boten uns Tänze und Gesänge der sowjetischen Republiken dar. Es war bewundernswert. Wir standen in Kreis um sie herum und klatschten wie wild. Wir waren mit unserer ganzen Seele dabei. Wir waren Schwestern, Schwestern im Elend, die sich wieder gefunden hatten.

Plötzlich war der Zauber gebrochen. Der Appell zum Essen ertönte, und jetzt mußte jede aufpassen, daß ihr nicht ihr Suppennapf gestohlen wurde von dieser grausamen und wilden Armee, die uns eben noch bezaubert hatte.

Die Sitten und das Benehmen der Frauen im Lager waren nicht sehr verschieden von denen im täglichen Leben. »Gute« Frauen blieben gut, die mittelmäßigen, die in der Mehrheit waren, blieben mittelmäßig, und »schlechte« Frauen änderten sich auch nicht. Aber im Lager konnte man auch herausragende Persönlichkeiten entdecken, die im normalen Alltagsleben keine Gelegenheit gehabt hätten, ihre Fähigkeiten zu zeigen. Ich spreche von Mut, Selbstaufopferung und Würde, die meiner Meinung nach einen unverzichtbaren Wert in diesem moralischen Chaos darstellten, in dem wir lebten.

Einige Kameradinnen empfanden gegen andere Antipathien wegen ihrer Nationalität. So konnte man die Polinnen nicht besonders leiden. Sie waren als erste ins Lager gekommen und hatten deshalb die besten Posten und selbst die »Druckposten« im Krankenrevier oder in der Küche inne. Man mußte sich bemühen, dieses Gefühl zu unterdrücken und zu versuchen, sie zu verstehen. Ich persönlich habe mich mit ihnen immer gut verstanden.

Die Ungarinnen waren nicht beliebt. Man sagte, daß sie schmutzig seien und eine entmutigende Haltung von Unterwürfigkeit und Resignation zeigten, die die anderen abstieß. Dieser Vorwurf schien mir eher begründet. Die Mittelmäßigen ähnelten sich alle. Das war die Armee der Unglücklichen, die auf den Appell warteten, auf den Kaffee, die Suppe, das Schlafengehen, und deren einziges Gesprächsthema im Austausch von Kochrezepten bestand. Aus den »Schlechten« rekrutierten sich die Polizistinnen mit den roten Armbinden, die für eine zusätzliche Essensration den Knüppel noch schneller schwangen als die SS-Frauen.

Natürlich gab es auch Homosexualität im Lager. Man tat sich keinen Zwang an und zeigte sie offen. Es bildeten sich Paare, die sich trennten, ihre Partner wechselten. Der Mangel an Zärtlichkeit, menschlicher Wärme und Aufmerksamkeit machte einige den weiblichen Huldigungen gegenüber anfälliger als andere. Aber im großen Ganzen war der Prozentsatz sicher nicht höher als im sonstigen Leben.

Besonders bedauernswert war der Fall einer französischen Medizinstudentin aus einer sehr angesehenen Familie aus Mulhouse im Elsaß. Sie hatte das Recht, den Titel »Bürgerin von Genf« zu tragen. Bei ihrer Ankunft im Lager gab sie an, sie sei Ärztin und wurde als solche im Krankenrevier angestellt. Sie verliebte sich leidenschaftlich in die Chefärztin des Reviers, die Lesbierin war. Sie lebten wie ein Paar zusammen. Die Chefärztin war beauftragt, diejenigen Frauen zu töten, die den Verstand verloren hatten. Diese unmenschliche Aufgabe vertraute sie unserer Landsmännin an. Diese wurde nach ihrer Rückkehr nach Frankreich von Kameradinnen angezeigt und verhaftet. Die Schweiz verlangte sofort ihre Auslieferung, und ihr wurde in Zürich der Prozeß gemacht, der mit ihrer Verurteilung endete. Sie erhielt Aufenthaltsverbot für Frankreich. Nach mehreren Amnestien im Laufe der vergangenen vierzig Jahre ist dieses Verbot sicher aufgehoben worden.

In Ravensbrück traf ich auch Kiki Castelli, die Nachtigall des Gefängnisses von Saint-Pierre in Marseille, wieder. Sie hatte seit ihrer Ankunft im Lager eine »Stelle« als Reinemachefrau bei einer Blockältesten bekommen, was ihr eine gewisse Ruhe und einige Lebensmittel extra einbrachte. Kiki hatte das Glück, zwei Briefe von ihrem Mann zu bekommen, der in das schreckliche Lager »Dora« deportiert worden war und der die gute Idee hatte, über Ferri-Pisani, seinen Gefährten im Elend, zu berichten. Nach dem zweiten Brief erhielt sie mindestens ein Jahr lang keine Nachricht mehr. Sie machte sich große Sorgen, denn sie liebte ihren Mann sehr. In dem großen Durcheinander, das in den letzten Monaten im Lager herrschte, verlor ich sie aus den Augen. Ich habe später erfahren, daß sie nach Bergen-Belsen gebracht wurde, wo sie in einem bedauernswerten Zustand war. Castelli wurde auch dorthin überführt. Durch einen unbegreiflichen Zufall scheint er der Hölle entkommen zu sein, in die wir alle gestürzt waren. Vielleicht gehörte er zu den wenigen Gefangenen in Bergen-Belsen, denen es gelungen war, einen sicheren Posten zu finden. Als man ihm erlaubte, Kiki zu sehen, war diese physisch so verändert, so zerrüttet, daß er sich weigerte, sie wiederzuerkennen. Dieses verstörte Skelett konnte nicht »seine« Kiki sein.

Nach der Befreiung ließen sie sich scheiden. Das Leben war hart für sie. Tatiana der Fleurieu beschäftigte sie einige Zeit, später konnte sie sich ein Café hinter dem Senat kaufen. Wir zögerten, sie dort aufzusuchen, denn sie wollte nicht zulassen, daß die ehemaligen Lagergefährten bei ihr bezahlten. Sie machte Pleite und ließ sich in Cannes in einer kleinen Wohnung nieder, die unsere Vereinigung ehemaliger Häftlinge ihr besorgt hatte. Kiki hat niemals die geringste Bitterkeit darüber geäußert, daß sie so viele Opfer auf sich genommen hatte wegen eines Mannes, der ihrer Liebe nicht würdig war. Sie starb in Cannes im Alter von achtzig Jahren, liebevoll umsorgt von ihren ehemaligen Elendsgefährtinnen, die sie alle liebten.

Wenn ich außergewöhnliche Momente von menschlicher Wärme, Mitgefühl und Zuneigung erlebte, so bin ich im Lager auch Verhaltensweisen begegnet, die ich zum Teil schon geschildert habe, und die diesen Frauen nicht zur Ehre gereichten. Der Selbsterhaltungstrieb kann zivilisierte Menschen zu wildem Egoismus treiben, aber es gibt auch Verhaltensweisen, die selbst in äußerster Gefahr nicht gerechtfertigt sind und die einen dazu bringen, die menschliche Gesellschaft sehr pessimistisch zu betrachten. Ich möchte nur wenige Beispiele dieser Art schildern und lieber die Dinge hervorheben, die uns angesichts eines äußerst grausamen Feindes einten. Ich bin es aber der Wahrheit schuldig, einige Beispiele von Blindheit - gelinde gesagt - mancher Häftlinge zu schildern.

Ich lag sehr geschwächt von einer Dysenterie auf meinem Strohsack im Krankenrevier, als eine französische Kameradin, deren Namen ich nicht nennen will, eine Kranke im Bett unter mir besuchte. Ich konnte nicht umhin, ihre Unterhaltung mitzuhören. Die Besucherin wollte meiner Bettnachbarin, die wie sie selbst aus einer adligen Familie stammte, vorschlagen, eine Petition zu unterschreiben. Darin wollten sie den SS-Lagerkommandanten bitten, alle Häftlinge, die der Aristokratie angehörten, in einem besonderen Block zusammenzulegen, damit sie nicht der lästigen Nähe bestimmter französischer Kameradinnen ausgesetzt wären.

Ich konnte nicht an mich halten, mich nicht einzumischen und fragte sie, ob sie noch nie etwas von der »Abschaffung der Privilegien« nach der französischen Revolution gehört hätten. Sie antworteten, daß ihr Gespräch nicht für mich bestimmt sei - womit sie recht hatten. »Dann schmieden Sie Ihre Komplotte an einem abgeschiedenen Ort«, entgegnete ich ihnen. Unsere Beziehungen waren damit beendet. Ich möchte unbedingt hinzufügen, daß die meisten meiner zahlreichen Freundinnen, wie Tatiana de Fleurieu, die Prinzessin Rambuteau, Madame de Gontaut-Biron und andere, diese erniedrigende Bitte nach Bevorzugung empört ablehnten und weiter mit ihren Kameradinnen aus allen Gesellschaftsschichten kämpften.

Dieses Gesuch erhielt niemals eine Antwort, und das war, glaube ich, eine verdiente Blamage für die Unterzeichnerinnen.

Diesen unerfreulichen Erinnerungen möchte ich eine andere gegenüberstellen - sofern man Erinnerungen untereinander vergleichen kann. Ich muß an Paule Dupont aus Isigny denken, deren Tod ich kürzlich aus der Presse erfuhr.

Von all meinen Erinnerungen an die Gefangenschaft gehörten

die an Paule zu den erfreulichsten. Sie strahlte vor Jugendlichkeit, Frische, Lebensfreude und Freundlichkeit. Zwei Ereignisse aus unserem Lager verbinden mich für alle Zeiten mit ihr.

Als ich zum Strafblock verurteilt war und mit dem Elendskommando der Strafarbeiterinnen mit Hacke und Schaufel durch das Lager ging, tauchte plötzlich eine Kameradin auf der Lagerstraße auf. Trotz des strengen Verbots, mit den »Aussätzigen« des Strafblocks zu sprechen oder sich ihnen auch nur zu nähern, rief sie mir in voller Lautstärke zu: »Fabius ..., Mut ... Fang auf ...« Damit warf sie mir eine Brotration zu. Ich hatte kaum Zeit zu erkennen, daß es Paule war, die versuchte, den Schlägen unserer wutschäumenden Aufseherinnen auszuweichen.

Etwas später lag ich mit einem von Avitaminose und Geschwüren völlig infizierten »unbrauchbaren Bein« im Krankenrevier. Plötzlich tauchte im Fensterrahmen das fröhliche, offene Gesicht von Paule auf, die kein Verbot abschreckte ... Sie flüsterte mir zu: »Brauchst du irgend etwas?« Es war strahlendes Wetter, und ich war zum ersten Mal in diesem dürren Flecken Mecklenburgs sehr bewegt von den Sonnenaufgängen und Untergängen, deren leuchtende Pracht einen Hoffnungsschimmer in diese Enklave der Verzweiflung brachte.

Ich weiß nicht, welcher Gedanke mir da durch den Kopf schoß – Fieberwahn oder schwarzer Humor –, aber ich antwortete: »Ich würde gern die ›Hymne an die Sonne‹ aus dem ›Chantecler‹ von Edmond Rostand wieder lesen.« Auf diese etwas unerwartete Bitte brach Paule in Lachen aus und verschwand.

Am nächsten Morgen, zehn Minuten vor dem Appell, tauchte sie wieder im Fensterrahmen auf. Einen Finger auf den Lippen, hielt sie mir ein Blatt Papier hin. Es war der volle Text der »Hymne an die Sonne«. Auf mein ungläubiges Staunen murmelte sie: »Ich wußte sie auswendig und hab sie dir heute Nacht bei Kerzenschein aufgeschrieben.«

6. Kapitel

Seit meiner Verhaftung habe ich immer daran gedacht zu fliehen. Aber was ich in den Gefängnissen von Marseille und Paris und in den Lagern von Romainville und Compiègne für unmöglich hielt, schien mir in meiner Unbedarftheit, die mir bis zuletzt eigen war, in Deutschland leichter durchführbar. Dabei kannte ich weder das Land noch die Sprache. Vielleicht hegte ich während der Haft in französischen Gefängnissen und Lagern unbewußt die Hoffnung auf eine grundlegende Änderung der Lage. Für einen so unverbesserlich optimistischen Charakter wie meinen genügte die Aussicht auf eine Verlegung, daß ich mir zahlreiche Möglichkeiten ausmalte: Flucht, bessere Behandlung, die Chance, mich nützlich zu machen usw.

In Ravensbrück habe ich sehr schnell begriffen, daß nur das Ende des Krieges mich wieder nach Hause bringen würde. Schon deshalb, weil ich als »gefährliche Terroristin« eingestuft und zu »Haft bis zum Ende der Feindseligkeiten« verurteilt war. Ich fragte mich ständig, wann die Feindseligkeiten beendet sein würden. Sobald ich erfahren hatte, daß der Krieg in Frankreich kurz vor seinem Ende stand – in der letzten Augustwoche hatten wir auf geheimnisvollen Wegen erfahren, daß Paris befreit war –, war ich von der Vorstellung meines befreiten und genesenden Vaterlandes besessen. Ich konnte mich nicht mit dem Gedanken abfinden, daß Paris frei von Deutschen war, meine Familie vereint, während ich nicht bei ihnen sein konnte, um wieder frei zu leben, zu denken, zu handeln, zu lieben und zu vergessen.

Ich konnte also der Versuchung einer Flucht, die mich seit Monaten quälte, nicht länger widerstehen. Sie wurde zu einer fixen Idee. Ich mußte Mittel finden, diesen verrückten Plan auszuführen. Als ich meine Absicht bei einigen Kameradinnen durchblikken ließ, baten mich die »Vernünftigen«, die einen gewissen Einfluß auf mich hatten und die mich sehr mochten, diesem Impuls nicht nachzugeben. Sie fanden ihn nicht kühn, sondern irrsinnig. Doch mich konnte nichts mehr zurückhalten.

Ich meldete mich freiwillig für ein Kommando nach Templin,

einige Kilometer von Fürstenberg entfernt, zu Aufräumungsarbeiten bei einem Krankenhaus, das nach der Evakuierung von einem alliierten Bombenangriff zerstört worden war. Ich brauchte Zivilkleider. Eine Kameradin, die bei der Erfassung zurückgelassener Sachen in den ankommenden Transporten arbeitete, verkaufte mir gegen vier Brotrationen eine Kleiderschürze. Ich erinnere mich an eine Art dunkelblaues Mieder mit weißen Paspeln. Als nächstes brauchte ich eine Gefährtin, die deutsch sprach. Eine Kameradin des Blocks namens Betty Smith bot sich mir an. Sie war gebürtige Engländerin, hatte aber lange in Deutschland gelebt. Sie meldete sich auch freiwillig für die Außenarbeit nach Templin. Zu unserem Kommando gehörten dreißig Freiwillige, die jedoch nicht die Absicht hatten, abzuhauen wie ich. Nach der ärztlichen Gesundheitskontrolle wurden wir angenommen und sollten am übernächsten Tag, das heißt am 28. August 1944, abmarschieren.

Am Abend zuvor teilte Betty Smith mir mit, daß sie als Dolmetscherin ins politische Büro der Lagerleitung beordert worden sei. Sie konnte also nicht mitkommen mit mir. Sie hatte aber eine Kameradin aus der Nähwerkstatt überzeugt, sich mir anzuschließen. Sie wollte sie mir so schnell wie möglich vorstellen.

Übrigens habe ich diese Betty Smith niemals wieder getroffen oder etwas von ihr gehört. War sie tatsächlich in die politische Abteilung berufen worden? Hatte sie Angst? Niemand von uns hat sie jemals wieder gesehen. Sie wechselte den Block und die Arbeit und löste sich buchstäblich in Luft auf.

Sie kam jedoch noch kurz vor dem Abmarsch und stellte mir eine gewisse Sylvie P. vor. Diese unbekannte Gefährtin war ungefähr in meinem Alter. Sie sah sehr gut aus, war unsympathisch, sehr autoritär und sehr vulgär. Aber sie sprach sehr gut deutsch und außerdem hatte ich keine andere Wahl.

Die Abfahrt war für fünf Uhr früh festgesetzt. Zuerst ging es zum Bahnhof nach Fürstenberg. Dort stiegen wir in eine Art Vorortzug. Bisher kannten wir noch nicht die »grauen Mäuse«, die Hilfskräfte der Wehrmacht, die uns begleiteten. Sie hatten sich freiwillig gemeldet und waren ziemlich leicht von den zur Wehrmacht Einberufenen zu unterscheiden. Sie trugen im Allgemeinen ihre Privatschuhe, während die zur Wehrmacht Einberufenen Armeestiefel bekamen. Die meisten von ihnen waren noch brutaler und grausamer als die Dienstverpflichteten, denn sie hatten diese Arbeit freiwillig gewählt. Doch an diesem Tag zeigten sich unsere Wächterinnen freundlich lächelnd. Einige kamen sogar, um sich mit uns zu unterhalten. Eine, die sich besonders um mich bemühte, bot mir eine Zigarette an und gab mir in sehr schlechtem Englisch zu verstehen, daß sie Journalistin sei. Sie hatte mit einer Kollegin darum gebeten, dieses Kommando zu begleiten, um einen Artikel über die Gefangenen des Großdeutschen Reichs zu schreiben.

Die Fahrt dauerte nur 20 Minuten. Wir fuhren bei strahlendem Wetter durch eine schöne, malerische Landschaft und hielten auf einem kleinen Bahnhof. Wir wurden ein weiteres Mal gezählt und gingen durch ein Dorf zu dem Ort, wo wir enttrümmern sollten.

Die Arbeit begann um sieben Uhr früh bei allgemein guter Stimmung: ein anderer Horizont, schönes Wetter, gute politische Nachrichten (für die Gefangenen), die Wachposten eher freundlich und einige SS-Leute, die alles überwachten, eher gleichgültig.

Mittags gab es eine Viertelstunde Pause und eine Art Kohlrübensuppe, die auf Kesselwagen herangefahren wurde. Nach der kurzen Erholung schickte man uns wieder zu den Aufräumungsarbeiten. Eine schwierige Aufgabe, vor allem bei der fürchterlichen Hitze. Aber diese unerträgliche Hitzewelle war unser Glück. Sie überwältigte auch unsere Wächterinnen und Wächter, die dem Bedürfnis zu einem Mittagsschlaf im Gras nicht widerstehen konnten. Als Sylvie P. sah, daß sie alle eingeschlafen waren, kam sie zu mir und wir entfernten uns so unauffällig und vorsichtig wie wir konnten. Wir überstiegen eine Stacheldrahtumzäunung, indem wir eine Räuberleiter bildeten und holten uns dabei einige Abschürfungen. Dann befanden wir uns in einem wunderbaren Wald. Wir konnten endlich unsere gestreiften Lumpen ausziehen, unter denen wir sehr häßliche, aber zivile Sachen trugen. Unsere Häftlingskleidung versteckten wir unter dem Moos.

Eine Straße führte ganz nahe vorbei. Wir beschlossen, uns zu trennen. Uns war klar, sobald man unser Verschwinden entdeckt hatte, würde man überall nach »zwei Flüchtlingen« suchen. Unser Marsch in Richtung Berlin, das nur 80 Kilometer südlich lag, begann.

Eine verrückte Idee beflügelte mich. Ich wußte, daß es in Berlin eine »Mission Scapini« gab. Ich erwähnte bereits, daß ich den französischen Botschafter kannte. Er war Kriegsblinder und ein Kollege meines Vaters am Pariser Gerichtshof. Er wurde in meiner Familie trotz seiner rechten politischen Ideen fast als Freund betrachtet. Ich hielt es für ganz selbstverständlich, wenn ich mich bei dem für die Kriegsgefangenen zuständigen Missionschef der französischen Regierung in Deutschland meldete, könnte er mich in meinem erbarmungswürdigen Zustand nicht abweisen, selbst wenn ich aus einem Konzentrationslager entflohen war.

Scapini wußte, daß ich Jüdin war, aber die Deutschen wußten es nicht, und er war viel zu intelligent und zu gut, um es ihnen zu verraten. Er würde es nicht ablehnen, mich wenigstens für einige Zeit aufzunehmen und mir zu helfen, bei der nächstbesten Gelegenheit in Richtung französischer Grenze weiter zu fliehen.

Ein gutes Bad, vernünftige Kleidung und ich würde mich wieder in die junge liebenswürdige Frau zurückverwandeln, die ich vor meiner Inhaftierung gewesen bin.

Ich erinnerte mich daran, wie ich ihn eines Tages in seinem Büro aufsuchte und er mir sagte: »Wie gut Ihnen das Blau steht.« Eine überraschende Bemerkung für einen Blinden. Doch es war bekannt, daß er sich mit seinem kleinen afrikanischen Diener, der ständig um ihn war, einer kodierten Sprache bediente. Der Rechtsanwalt interpretierte die Informationen, die sein Diener ihm in vereinbarten Worten gab, und damit gelang es ihm, seine Besucher zu verblüffen.

Scapini behauptete, er könne jede Person an ihrem Parfüm erkennen. In diesem Falle, glaube ich, bluffte er nicht.

Sylvia und ich hatten vereinbart, wer zuerst am Ausgang eines Dorfes ankäme, sollte auf die andere warten, damit wir uns weiter verabreden könnten. Aber nach einer Stunde Marsch, beflügelt von meinen euphorischen Gedanken, fühlte ich mich plötzlich sehr müde. Ich hatte große Schmerzen wegen eines Geschwürs am Fuß. Meine Gefährtin war schnell vorangekommen und nur noch in der Ferne zu sehen. Ich beschloß, mich trotzdem zehn Minuten in einem Heuhaufen auszuruhen. Kaum hatte ich mich ausgestreckt, da erblickte ich knapp dreißig Meter entfernt auf einem kleinen Feldweg zwei Männer auf einem Heuwagen, die auf mich zukamen.

Da ich meinen Weg nicht mehr fortsetzen konnte, ohne gesehen zu werden, verkroch ich mich ganz im Heu und hoffte, daß sie an mir vorbeifahren und mich nicht sehen würden.

Doch der Wagen hielt an, der Mann, der die Leine hielt, stieg ab und kam auf mich zu. Es blieb mir nichts anderes übrig, als mich schlafend zu stellen. Er näherte sich und gab mir einen kleinen Klaps auf die Schulter. Ich öffnete so wenig wie möglich meine Augenlider. Sein Gesicht nahm einen mitleidigen Ausdruck an, und er sagte mit fragender Stimme das deutsche Wort: »Krank?«

Obwohl ich nicht deutsch konnte, wußte ich dennoch was »krank« bedeutete. Ich reckte mich, als würde ich aus einem tiefen Mittagsschlaf erwachen und schaute den Mann an, der über mich gebeugt war und seine Frage wiederholte: »Sehr krank?« Ich schüttelte den Kopf und erwiderte: »Nein.«

»Deutsch?« fragte er.

»Nein.«

Dieses Spiel hätte noch lange so weitergehen können, ich entschloß mich also, ihm zu sagen: »Ich Französin.«

Ganz bestürzt rief er in einem unverkennbaren Dialekt:

»Aber ich bin auch Franzose«, und rief seinen Kameraden mit einem energischen »Auguste, komm her!« Auguste eilte herbei, und wir erklärten uns unsere Lage. Die beiden waren französische Kriegsgefangene, die sich freiwillig zur Arbeit auf einem Bauernhof gemeldet hatten. Beide waren Bretonen und erfreut, eine Landsmännin zu treffen. Sie waren jedoch besorgt, daß ich mich so auf die deutschen Straßen wagte, mit so wenig Kenntnissen. Sie haben von Ravensbrück gehört und wissen, daß entflohene Polinnen wieder aufgegriffen und erhängt worden sind.

Zuerst fragen sie mich, ob ich alleine sei. Als ich ihnen in der Ferne die kleine Silhouette von Sylvia P. zeige, versucht Auguste sie einzuholen. Ich dürfte nicht allein zurückbleiben ohne deutsche Sprachkenntnisse. Ich verrate ihm unser verabredetes Signal. Wir haben vereinbart, im Notfall die Melodie des Liedes »Auf den Straßen Frankreichs« zu pfeifen. Auguste läuft sofort los. Aber meine Fluchtgefährtin dreht sich um und sieht mich mit einem Mann, während ein anderer hinter ihr her rennt. Sie glaubt, daß ich verhaftet bin und nimmt ihre Beine in die Hand. Bei dem Vorsprung, den sie hat, ist das das Letzte, das ich von ihr sehe. Bis zu jenem Tag nach der Befreiung, als ich ihr Foto im Zusammenhang mit einem scheußlichen Raubmord auf den Titelseiten der Zeitungen erblicke. Zuvor hatte sie unzählige Betrügereien begangen, für die sie nach der Rückkehr aus der Deportation ins Gefängnis kam. Ich erfuhr auch, daß es ihr gelungen war, sich nach Berlin durchzuschlagen und in den Arbeitervierteln unterzutauchen. Sie wurde jedoch gefaßt, weil sie ihr Abenteuer einem Spitzel anvertraut hatte, mit dem sie ins Bett gegangen war. Meine beiden französischen Freunde waren betrübt, daß ich so allein zurückblieb und beschlossen, die Bauersleute, mit denen sie sich offensichtlich ganz gut verstanden, zu bitten, ob sie mich eine Nacht beherbergen könnten. Kein Erfolg. Sie kamen verlegen zurück. Die Bauern fürchteten, ich würde ihren Namen preisgeben, wenn man mich aufgriff. Aber sie schickten mir Kaffee, gekochte Kartoffeln, einen Kompaß, 25 Mark und einen leeren Kartoffelsack, damit ich mich in meinem Heuhaufen zudecken könnte. Ein richtiges Fest. Meine beiden Retter verlassen mich ziemlich spät und versprechen mir, gegen ein Uhr wiederzukommen und mich auf den richtigen Weg zu bringen, denn ich soll nachts marschieren und mich am Tag ausruhen. Sie kommen wie versprochen zurück. Traurig trennen wir uns auf der Straße nach Berlin. Wir tauschen unsere Adressen aus und versprechen, uns nach dem Krieg zu besuchen.

Auguste kehrte nicht zurück. Er wurde nach Rußland geschickt. Der andere, Francis Goudet, ist heimgekehrt. Er hat mich im Winter 1945/46 in Paris besucht. Muß ich erwähnen, daß wir Mühe hatten, uns wiederzuerkennen? Dann aber die große Freude!

Der Unglückliche war aus seinem bretonischen Dorf vertrieben worden, denn er hatte die Tochter des deutschen Bauern, bei dem er gearbeitet hat, mitgebracht, und dazu ein entzückendes Baby, die Frucht dieser Idylle. Er heiratete in Paris. Ich weiß nicht, ob er jemals in sein Dorf zurückkehren konnte.

Nachdem meine Helfer sich verabschiedet hatten, nahm ich meinen Weg unter freiem Himmel auf und sang dabei meine Lieblingslieder: »Auf den Straßen Frankreichs«, »Ach, wie ist mein Dorf so schön«, »Johanna von Lothringen« ... Ich bekämpfte meinen Hunger mit Äpfeln, die ich von den Bäumen pflückte, ich grub Kartoffeln aus, die ich roh aß, nicht zum ersten Mal.

Ich war frei, ich würde wieder heimkehren, ich würde General de Gaulle oder seinen Diensten berichten, was in den Lagern vor sich ging. Ich würde meine kleine Tochter wiedersehen. Ich war zweiunddreißig Jahre alt. Ich kam mir wie eine Heldin vor.

Ich marschierte zwei Nächte, ich versteckte mich zwei Tage. In der dritten Nacht, als ich mich den Wegweisern nach schon Berlin näherte, verirrte ich mich in einem Wald. Ein Tierrudel kreuzte meinen Weg. Ich dachte, es seien Hunde. Später erfuhr ich, daß es wahrscheinlich Wölfe gewesen waren, daß sie den Menschen aber nur angreifen, wenn sie hungrig sind. Ich bin nachträglich noch ganz erschüttert, wenn ich daran denke, daß dies mein namenloses Ende gewesen sein könnte, unter den Zähnen dieser Bestien. Als die Sonne aufging, die Zeit, da ich mich sonst versteckte, war ich völlig erschöpft vom vielen Herumirren im Wald, aber ich sah ein Straßenschild »Berlin 18 km«. Ich war also nur drei oder vier Kilometer von den Berliner Vororten entfernt. Dort könnte ich unter der Masse der ausländischen Arbeiter in der Hauptstadt untertauchen. Ich entschloß mich, nicht die nächste Nacht abzuwarten.

Das war mein Verhängnis.

Als ich gegen sechs Uhr morgens durch ein kleines Dorf ging und mich gerade fragte, ob meine Schritte nicht alle Einwohner wecken würden, öffnete sich eine Tür und zwei Polizisten traten zu ihrem morgendlichen Rundgang heraus. Sie sahen mich erstaunt an, kamen auf mich zu und fragten höflich nach meinen Papieren. Ich antwortete »Nichts Papieren«. Immer noch sehr höflich, führten sie mich zu dem Gebäude, aus dem sie gekommen waren. Es ist das Polizeirevier. Ich werde in einer kleinen Zelle eingeschlossen, bekomme eine Tasse Kaffee und Brot. Um neun Uhr werde ich einem Offizier vorgeführt, der ziemlich gut französisch spricht. In dem Büro sitzt ein junges Mädchen hinter der Schreibmaschine. Ich werde verhört, natürlich über meinen Aufenthalt in dieser Gegend. Ich erzähle eine Geschichte, die mir plausibel erscheint: ich gehöre zu den freiwilligen ausländischen Arbeitern, die in den Siemensfabriken in Berlin arbeiten. Doch die ständigen englischen Luftangriffe haben mich so verstört, daß ich vor zwei Tagen fortgelaufen bin, und jetzt gehe ich einfach auf dem Lande so vor mich hin. Deshalb habe ich auch so zerknitterte und schmutzige Kleidung.

Das wird alles mit großer Aufmerksamkeit angehört und von der jungen Sekretärin auf der Maschine getippt. Zum Schluß fragt er nach meinem Namen. Ich gebe einen falschen an. Man bittet mich, das Protokoll zu unterzeichnen. Danach öffnet der Offizier eine Schublade, schaut mich an und sagt: »Madame Fabius, nicht wahr?« Meine Personenbeschreibung ist sicher an alle Polizeiposten durchgegeben worden. Ich weiß heute noch nicht, was dieses Theater mit dem unterschriebenen Protokoll bedeutete. Ein Telefonanruf in deutscher Sprache folgt diesem Verhör. Ich werde wieder in die Zelle gebracht. Ich brauche zwei Stunden, um das ganze Ausmaß meiner Niederlage zu ermessen. Ich glaube noch heute, daß diese zwei Stunden die dramatischsten meiner Haftzeit waren. Ich war dem Erfolg schon zu nahe.

Zwei Stunden später erschien der Lagerkommandant von Ravensbrück in Begleitung der berüchtigten »Offizierin« Binz und zweier Soldaten mit aufgepflanztem Bajonett. Mit Kolbenschlägen in den Rücken werde ich in ein offenes Auto zwischen zwei SS-Leute gestoßen. Der Kommandant steuert und die Binz an seiner Seite raucht, lacht und küßt ihn.

In Ravensbrück erwartet mich ein Offizier mit einer Dolmetscherin. Sie führen mich in den Wald, durch den wir zuerst gekommen sind und wo ich unbedingt meine gestreifte Häftlingskleidung wiederfinden soll. Das ist unmöglich. Fünf Minuten lang tue ich so, als würde ich suchen, dann richte ich mich auf. Der Offizier hält seinen Revolver schußbereit in der Hand. Ich wende mich an die Dolmetscherin: »Wenn dieser Offizier mich töten soll, dann seien Sie so gut und bitten Madame de Ripper, nach ihrer Rückkehr meine Familie aufzusuchen und meiner Tochter zu sagen, daß man mich in einem deutschen Wald ermordet hat und daß ich für Frankreich gestorben bin.«

Der Offizier fragt mich, wer ich bin. Ich nenne ihm meinen Namen und halte es für nützlich, hinzuzufügen, daß mein Vater Rechtsanwalt ist und ein Freund von Botschafter Scapini. Von diesem Namen überrascht, steckt der Offizier seinen Revolver ein und trägt der Dolmetscherin auf: »Sagen Sie ihr, daß man aus Ravensbrück nicht flieht und daß sie auf jeden Fall die Strafe bekommt, die sie verdient.« Im Lager werde ich in den »Foltersaal« geführt, wo ich mit fünfzig Stockschlägen auf den unteren Rücken bestraft werden soll. Ich bin ganz nackt auf eine Art Tisch gebunden. Eine Freiwillige wird aufgerufen. Man hat ihr für drei Tage eine doppelte Essensration versprochen, damit sie das Amt des Folterknechts ausübt. Es hatten sich vier Freiwillige gemeldet: zwei Polinnen, eine Deutsche, eine Russin der Roten Armee. Letztere wird ausersehen, die Strafe in Anwesenheit einer Gruppe von sechs Offizieren in voller Uniform zu vollziehen. Einige tragen sogar ein Monokel. Sie stehen in einer Art Achtung-Stellung. Einer von ihnen, ein Arzt, entfernt sich alle zehn Schläge von der Gruppe, um meinen Puls zu fühlen. Bei jeder Unterbrechung befiehlt er der polnischen Dolmetscherin, mich zu fragen, ob ich etwas zu sagen habe, um meine Tat zu erklären. Ich antworte, daß ich Ravensbrück nicht mag und daß ich nach Hause will, statt inmitten von Zuchthäuslern und Sterbenden zu bleiben.

Ich muß zugeben, daß ich durch eine Art Gnade nach dem dritten Schlag nichts mehr spürte. Ich schrie auch nicht, denn während meiner ganzen Gefangenschaft war es mir , wenn nötig, gelungen, den Ring, den Ferri-Pisani mir zum Abschied geschenkt hatte, unter meiner Zunge zu verbergen.

Nach der »Zeremonie« sagte der Kommandant zu mir: »Sie haben nicht geschrien, Madame.« Ich antworte mit einem etwas hurrapatriotischen Satz: »Ich bin Französin, Kommandant.« Diesmal wurde ich unter den Fußtritten ohnmächtig. Aber dieser Satz, den die polnische Dolmetscherin verbreitete, brachte mir die Anerkennung meiner Kameradinnen ein. Ich erwachte im Bunker. Ich blieb zehn Tage im Bunker – nackt, ohne Bett, ohne Decke, ohne Nahrung. Wie ich später erfuhr, war meine Strafe in Berlin festgesetzt worden. Danach öffnete sich die Tür. Man warf mir ein gestreiftes Kleid, eine Jacke und eine kleine Hose zu – und zum ersten Mal, seit ich im Lager bin, erhalte ich eine mit Stempeln bedeckte Postkarte. Sie kam von meiner Tochter und war in deutscher Sprache geschrieben. Ich steckte sie in die Jackentasche, um sie mir später übersetzen zu lassen. Ich erfuhr daraus nur, daß im Schloß de Bussole alles wohlauf sei, daß es Marie-Claude gut ginge, sie von mir das gleiche hoffe und daß sie mich umarme. Das war besser, als gar keine Nachricht, wie es seit meiner Ankunft im Lager mein Schicksal war. Aber es war doch etwas »mager«. Ich wurde ins Büro des Kommandanten geführt. Ich mußte bis Mittag in Achtung-Stellung vor seiner Tür warten. (Ich erinnere daran, daß ich seit zehn Tagen nichts gegessen hatte.) Man befahl mir einzutreten. Wieder stand ich einer neuen Versammlung von Offizieren gegenüber, die mich nach den Gründen meiner Flucht befragten. Dolmetscherin war diesmal eine »Oberschwester« der Krankenstation, die ein ausgezeichnetes Französisch sprach.

Ich erklärte, wie schon das erste Mal bei der Bestrafung mit dem Schlagstock, daß es mir in Ravensbrück »nicht gefiel«, aber ich fügte hinzu: »Ich weiß, daß Paris befreit ist und mich beherrscht nur der Gedanke, meine Heimat wiederzusehen, meine befreite Stadt und meine vereinte Familie.« Das löste ein allgemeines Gezeter aus. Wutschnaubend fragte der Kommandant, wer mir diesen Blödsinn erzählt hätte.

Ich entgegnete: »Das ganze Lager weiß, daß Paris befreit ist. Man hat es mir beim Betreten des Bunkers zugerufen.« Das löste eine wütende Reaktion aus, und ich wurde zum Strafblock verurteilt – bis zum Ende des Krieges. Als zusätzliche Strafe mußte ich einen roten Kreis auf dem Rücken und auf der Brust tragen, der mich als »aufsässig« kennzeichnete.

Nach meiner Einlieferung in diese unglaubliche Strafkolonie – es war ein Block, der genauso aussah wie die anderen, der hauptsächlich von deutschen Kriminellen und einigen anderen Frauen belegt war. Die Blockowa erklärte mir auf meine Frage, daß in der Baracke vierzehn politische Gefangene seien, davon fünf Französinnen. Sie wies auf eine, die in der Ecke des Hofes auf der Erde saß und sich ungeniert lauste. Ich gab ihr zu verstehen, daß es nicht richtig sei, sich vor den Deutschen dieser »Beschäftigung« hinzugeben. Ich erhielt eine ziemlich rüde Antwort. Wie ich etwas später erfuhr, hieß die Gefangene Marie Mercier. Ihr Kopf war aus irgendeinem Grunde nicht geschoren und sie war also gezwungen, sich die Läuse aus ihren schönen blonden Haaren abzusuchen. Sie litt unter einer Avitaminose und man ließ sie einfach sterben. Ebenso wie Job, die auf ihrem Elendslager ohne die mindeste Pflege mit einem Minimum an Nahrung mit noch drei anderen Kameradinnen, die zum gleichen Schicksal verurteilt waren, in einer winzigen Abteilung des Strafblocks lagen. Marie Mercier war aktive Kommunistin und hatte einen kleinen Zeitungsladen in der Rue Bonaparte in Paris. Sie war bei der Verteilung von Flugblättern verhaftet worden.

Am nächsten Morgen nach unserem Zwischenfall kam Marie Mercier beim Fünf-Uhr-Appell auf mich zu und entschuldigte sich: »Ich wußte nicht, wer du bist, ich habe erfahren, daß du unsere ›Heldin‹ bist, die versucht hat abzuhauen und die fünfzig Schläge bekommen hat.«

»Sprechen wir nicht mehr darüber«, sagte ich, »und helfen wir uns gegenseitig, wir haben das bitter nötig in dieser Hölle.« Ich gewöhnte es mir an, nach der Arbeit bei ihr vorbeizuschauen und, wenn ich konnte, ihr ein kleines »extra« mitzubringen, ein paar Kartoffeln oder irgendein Gemüse, das ich auf einem Feld stehlen konnte.

Am Vorabend des Weihnachtstages gelang es Tatiana de Fleurieu, mir durch eine Polizistin eine Büchse Sardinen zu schicken. Ich eilte sofort zu Marie Mercier, um dieses »Festessen« mit ihr zu teilen. »Stell dir vor«, vertraute sie mir an, »in der Nacht habe ich Christus gesehen, der auf mich zukam. Ich sagte ihm, ›wir sind hier zwei Frauen, die sterben werden – die andere ist jünger als ich, sie hat eine Familie und ein Kind – nimm mein Leben und gib es ihr.‹«

Da ich ihre tiefe kommunistische Überzeugung kannte, war ich sehr erschrocken und konnte ihr nur antworten: »Du phantasierst, wir werden beide durchkommen.«

Am nächsten Tag sah ich, daß sie in einer Kolonne ins Krankenrevier ging – ich mußte in einer anderen Kolonne auch dahin, weil ich vierzig Grad Fieber hatte und furchtbar unter Dysenterie litt. Vierzig Grad war die Temperatur, die einen berechtigte, im Krankenrevier aufgenommen zu werden. Achtundvierzig Stunden später suchte Mops de Ripper mich auf und sagte mir: »Kennst du Marie Mercier? Sie wurde gerade in den Strafblock zurückgeschickt, um dort zu sterben. Sie hat mich gebeten, dir zu bestellen, daß sie ihren Traum nicht vergessen hat.«

Ein Tag verging. Es war nach dem Temperaturmessen – das Thermometer wurde uns an einer Schnur gereicht, die die Krankenschwester an ihrer Taille befestigt hatte. Sie ging von einer zur anderen, ohne ihr Instrument einmal abzuwischen. Ich saß mit meinen vierzig Grad Fieber auf dem Aborteimer, als man die Sterbenden hereinbrachte. Sie waren mit Tüchern bedeckt. Man schob sie unter die Pritschen und ließ sie über Nacht sterben, bevor man sie ins Krematorium brachte.

Ich hob das Tuch der vor mir Liegenden hoch. Es war Marie Mercier. Ich kletterte wieder in meine dritte Bettetage hinauf und sah, daß man sie unter mein Bett schob.

Ich hörte noch lange das Röcheln der Unglücklichen. Dann nichts mehr. Ich kletterte hinunter, um ihr die Augen zu schließen. Am nächsten Morgen hatte ich 37,2 Temperatur und wurde sofort zur Arbeit zurückgeschickt. Göttliche Gnade, ein Wunder?

Ende April oder Anfang Mai wurden 350 Französinnen namentlich aufgerufen, sich auf der Lagerstraße einzufinden. Ich gehörte auch dazu. Wir erfuhren, daß wir auf Vermittlung des schwedischen Generalkonsuls, Herrn Nordling, im Austausch gegen deutsche gefangene Frauen befreit werden sollten.

Das löste natürlich ein Freudengeschrei in unseren Reihen aus. Wir wurden in einen Block geführt, wo wir anstelle der gestreiften Kleidung Zivilklamotten erhielten. Wir wurden geduscht, entlaust und sollten nur noch den Appell abwarten. Wir wurden in einen anderen Block verlegt. Dann wurden wir zum Kommandanten gerufen. Er hatte einen Befehl aus Berlin erhalten, der die Freilassung von 300 Gefangenen anordnete und nicht mehr 350 wie vorgesehen. Er sei also gezwungen, erklärte er, fünfzig wieder von der Liste zu streichen. Als erste wurde Claude S. aufgerufen, die der Kommandant fragte: »Sind Sie Schweizerin?«

»Nein, ich bin Französin, aber aus Mulhouse und meine Familie hat das Recht, den Titel ›Bürger von Genf‹ zu führen.« Claude S. wurde also nicht gestrichen. Nachdem er mehrere Kameradinnen aufgerufen hatte, kam der Kommandant zu meinem Namen: »Frau Fabius«, sagte er, »Sie können nicht entlassen werden, Sie sind Jüdin.« Ich äußerte mein höchstes Erstaunen und erklärte, das sei ein Irrtum. Die brutale Antwort ließ nicht auf sich warten. Er schlug mit der Hand auf einen Brief, der vor ihm auf seinem Schreibtisch lag – den er mir natürlich nicht zu lesen gab –, und erklärte mir, ich sei von einer Mitgefangenen denunziert worden, deren Name nicht auf der »Liste der französischen Behörden« stand. Ich wurde also mit 49 anderen Gefangenen ausgeschlossen und sofort in den Strafblock und zur Arbeit geschickt. Das war wieder ein furchtbarer Tag für mich. Welche Mitgefangene konnte die Verfasserin dieser Denunziation in letzter Stunde sein?

Um meine Herkunft zu enthüllen, muß sie meine Familienverhältnisse vor ihrer Verhaftung gekannt haben. Ich ging in Gedanken alle Namen, alle Gesichter durch, und mein Verdacht fiel schließlich auf die einzige Deportierte, die sehr gut wußte, wer ich war und wer mein Mann war.

Sie kam aus einer sehr bekannten und sehr angesehenen jüdischen Familie. Ich erklärte mir ihre Handlung nur mit einem krankhaften Neid und einem Zustand moralischer Zerrüttung, in den unsere Henker, wie schon erwähnt, einige ihrer Opfer hinabgestoßen haben. Ich hatte keinen Beweis, aber als ich nach dem Krieg mit einem Freund ein Konzert im Saal Pleyel besuchte, das jedes Jahr zur Erhaltung der Gedenkstätten der jüdischen Opfer stattfand, erblickte ich die »Verdächtige« zwei Reihen vor mir. Sie merkte bald meine Anwesenheit und – ohne wahrzunehmen, daß ich ihr flüchtig zulächelte – wechselte sie sofort ihren Platz näher dem Ausgang zu. Ich habe sie niemals wiedergesehen.

Ungefähr einen Monat später lag ich im Krankenrevier – ich hatte am Ende meines Leidensweges doch noch Typhus bekommen, der mich bisher verschont hatte. Plötzlich kam eine deutsche Krankenschwester an mein Bett und erklärte mir in reinem französisch: »Heute wird auf Anforderung der belgischen und der holländischen Regierung eine weitere Gruppe entlassen. Das ist Ihre letzte Chance, hier lebend herauszukommen. Ich werde Ihnen helfen, durchs Fenster zu klettern und sich ihr anzuschließen.«

Mit Hilfe dieser Krankenschwester gelang es mir unter unendlichen Mühen, die kleine Gruppe der Holländerinnen und Belgierinnen zu erreichen. Ich brach mitten unter ihnen zusammen, doch ich hatte das unerwartete Glück, daß sich die Ärztin Dr. Goldschmidt unter den Belgierinnen befand. Sie hatte im Revier gearbeitet und einen kleinen Arztkoffer mitgenommen.

Endlich wurde der Befehl gegeben und wir setzten uns in Marsch. Zwei »starke« Holländerinnen stützten mich rechts und links, denn wir mußten fünf Kilometer bis zu der Stelle zurücklegen, wo uns die Ambulanzen erwarten sollten. Meine beiden Begleiterinnen stützten mich den ganzen Weg über und ließen mich nur los, wenn ein Offizier, eine Krankenschwester oder eine deutsche Patrouille vorbeikam. Doch im Lager herrschte bereits solch ein Durcheinander, daß sich niemand mehr für uns interessierte. Wenn meine beiden Holländerinnen mich losließen, stand Dr. Goldschmidt schon mit der Spritze bereit und verabreichte mir eine Kampferinjektion.

So gelangten wir schließlich an unseren Bestimmungsort, wo ich ohnmächtig zusammenbrach. Die sehr kühle Aprilluft Mecklenburgs weckte mich bald wieder und ich erblickte einen wunderschönen schwedischen Offizier im Gespräch mit der scheußlichen SS-Oberaufseherin Binz sowie mit Frau Dr. Goldschmidt. Der Offizier erklärte, daß 20 Kilometer weiter der Krieg tobe und die Ambulanzen nicht vor dem Morgengrauen durchkommen könnten.

Wir sollten wählen: die ganze Nacht hier draußen zu warten oder vorübergehend wieder ins Lager zurückzukehren. Ein allgemeiner Schrei: »Draußen warten!« ertönte. Die Binz meinte, mein Zustand erlaube es nicht, daß ich die ganze Nacht draußen verbringe. Dr. Goldschmidt entgegnete, wenn ich ins Lager zurückkehrte, würde ich dort nicht mehr lebend herauskommen.

Der schwedische Offizier wandte sich an mich und fragte, was ich wolle. Spontan antwortete ich: »Vor allem niemals in diese Hölle zurück.« Darauf spuckte die Binz mir ins Gesicht und sagte in französisch: »Hau ruhig ab, deine Heimat wirst du jedenfalls nicht wiedersehen.«

Sie kehrte allein ins Lager zurück und ließ uns mit zwei Bewacherinnen in der Obhut des schwedischen Offiziers, der in einem kleinen grünen Simca gekommen war.

Im Morgengrauen wurde ich durch Freudenrufe aus meiner Betäubung – oder meinem Koma – gerissen. Einige Gefährtinnen hatten von weitem zwei Krankenwagen und zwei mit Planen bedeckte Lastwagen mit dem großen Roten Kreuz auf dem Dach erspäht ... Man trug mich und eine andere Französin hinein. Die Krankenschwester meiner Ambulanz, eine Dänin, bat darum, in Lübeck Halt zu machen, damit ich eine Bluttransfusion erhalten könnte. Ich ließ sie schwören, daß man meinen Leichnam nicht in Deutschland lasse, wenn ich unterwegs sterben sollte.

Plötzlich wurden wir von drei Flugzeugen beschossen. Ein schwedischer Chauffeur wurde dabei getötet. Wir wurden aus den Ambulanzen getragen und in Decken gewickelt auf unseren Tragen ins Gras gestellt. Neben mir lag schwerverletzt eine kleine Belgierin von 25 Jahren. Sie sagte zu mir: »Du hast Glück. Was die Binz auch gesagt hat, du wirst deine Heimat wiedersehen, ich werde meine nicht mehr sehen.« In der folgenden Stunde starb sie.

Die Reise ging bis nach Kopenhagen, wo wir in Lazarettschiffe umgeladen wurden.

Bei unserer Ankunft in Ravensbrück hatte uns eine Wahrsagerin verkündet, wir würden Ostern gerettet und dabei übers Meer fahren. Ostern 1944 war vorübergegangen und nichts war geschehen. Doch für diejenigen, die an die Prophezeiung der Wahrsagerin glaubten, konnte uns eine Fahrt »übers Meer« nur nach England oder nach Amerika bringen. Nun trat das Ereignis Ostern 1945 ein: »Das Meer« war die Meerenge zwischen Kopenhagen und Malmö in Schweden.

Die Überfahrt dauerte ungefähr zwei Stunden. Ich erinnere mich, daß ich in ein tiefes Koma gefallen bin und Rufe wie »Es lebe Bernadotte, es lebe Schweden« zu mir drangen.

Ich wachte zwanzig Tage später auf. Eine sehr hübsche Ordensschwester war über mich gebeugt. Ich sagte auf französisch – ich hatte vergessen, daß wir nicht in Frankreich waren: »Komisch, Schwester, sie ähneln sehr einer meiner Jugendfreundinnen.«

»Wie hieß sie denn?«

»Marie-Louise Pereire«, antwortete ich.

»Ich bin es.«

Welch ein glücklicher Zufall. Ich konnte mir nichts Besseres wünschen. Sie pflegte mich mit großer Aufopferung. Nach zwei Tagen wurde sie leider nach Göteborg gerufen, wo sie sich um einen Transport deportierter Männer kümmern mußte.

Acht Tage darauf wurde ich nach Vaxjö verlegt, einer kleinen zauberhaften Stadt in Smäland, wo die Schule in ein Krankenhaus umgewandelt worden war. Wir wurden wunderbar aufgenommen, verpflegt und verwöhnt. Ich sagte damals, daß all unsere Leiden aufgewogen würden durch die Großzügigkeit, die menschliche Wärme, die Güte und die Gastfreundschaft der Einwohner dieser kleinen schwedischen Stadt.

In diesen dreimonatigen Aufenthalt fallen auch zwei halb traurige, halb komische Ereignisse. Vierzehn Tage nach unserer Ankunft bat mich die Chefärztin Dr. Thorren – eine bemerkenswerte Frau –, »Lagerchefin« der Französinnen zu werden. Wir waren ungefähr zweihundert und die Kontakte waren sehr schwierig, da kein Arzt und keine der freiwilligen Krankenschwestern französisch sprach. Es ist leicht zu erraten, daß von uns niemand schwedisch verstand. Uns konnte nur englisch retten, denn es mußten zahlreiche Anweisungen und Informationen an die Kameradinnen weitergegeben werden. So kam Doktor Thorren auf mich. Ich war auf dem Weg der Genesung und begann, mich an zwei Stöcken fortzubewegen. Ich erhielt ein Einzelzimmer, wo alle Geschenke unserer Gastgeber aufgehäuft waren. Es ähnelte etwas der Höhle von Ali Baba, nur nicht ganz so glänzend. Ich hatte die Aufgabe, sie in den Schlafsälen nach den jeweiligen Bedürfnissen zu verteilen.

Vierundzwanzig Stunden später wurde ich zur Chefärztin gerufen, die mir ohne Vorrede eröffnete: »Eine Ihrer Kameradinnen protestiert gegen Ihre Ernennung.«

»Aus welchem Grund?«

»Sie sagt, daß Sie Jüdin sind und daß Frankreich ein katholisches Land ist. Deshalb gäbe es keinen Grund, Sie mit der Koordinierung zu beauftragen. Übrigens werde ich Sie gegenüberstellen.«

In diesem Augenblick tritt die Generalsgattin L. ein. Es ist ihr schrecklich peinlich. »Verstehen Sie, liebe Freundin«, sagt sie, »Sie gehören einer Minderheit an und ich einer Mehrheit. Außerdem wohne ich nicht im Krankenhaus, sondern beim Bischof, und ich fühle mich eher berufen für diese Aufgabe als Sie.« Ich übersetze ins englische. Die Ärztin fragt: »Ist Frankreich ein antisemitisches Land?« Ich übersetze ins französische.

»Ganz und gar nicht«, entgegnet Madame L. »Wir mögen die Juden sehr, aber sie sind immerhin eine Minderheit.«

»Do you speak good english?« fragt die Ärztin, worauf Madame L. antwortet: »Just a little.«

»Also ist die Diskussion hiermit beendet«, entscheidet die Ärztin. »Madame Fabius spricht fließend englisch. Sie bleibt auf ihrem Posten.«

Der zweite Zwischenfall entbehrt ebenfalls nicht einer gewissen Komik. Ich hatte das außerordentliche Glück, daß mein Mann, mit dem ich wieder Briefe wechseln konnte, mir über einen schwedischen Antiquitätenhändler in Stockholm tausend Kronen zukommen ließ. Diese tausend Kronen brachten mir viele Freundinnen ein.

Eines schönen Tages wurde uns der Besuch der Gattin des französischen Botschafters in Schweden, Madame Vaux Saint-Cyr, und ihrer Begleitung angekündigt. Große Aufregung im Krankenhaus. Unsere Ärztin und ihre Helferinnen gehen ihr zur Begrüßung entgegen. Ich folge bescheiden. Madame de Vaux Saint-Cyr bleibt an jedem Bett stehen und entnimmt einem Korb, den eine Begleiterin ihr aufmerksam hinhält, zwei Bonbons, die sie jeder Deportierten überreicht und dazu eine schwedische Krone – zweifellos, um uns damit ein paar tolle Einkäufe zu ermöglichen. Als sie auf mich zutritt, sagt die Ärztin etwas peinlich berührt zu ihr: »Oh, geben Sie Madame Fabius nichts, ihr Mann hat ihr über einen Vertreter in Stockholm Geld geschickt.«

»Wie schön, Madame, aber wieviel haben Sie denn bekommen?« fragt die Botschafterin mich. Ich entgegne mit etwas verhaltener Ironie: »Das ist vielleicht nicht sehr diskret, Frau Botschafterin, aber ich habe tausend Kronen erhalten.«

»Das ist ja unglaublich, das ist je mehr, als mir der Botschafter im Monat gibt!« rief sie aus. Mir fiel keine andere Antwort ein als zu sagen: »Dann ist der Herr Botschafter aber nicht sehr großzügig.« Der Saal brach in Gelächter aus, unsere freundlichen Schwedinnen verstanden aber nicht, worum es ging.

Meine schönste Erinnerung an Vaxjö ist mit einer Einladung beim Zahnarzt der Stadt verbunden, dessen Frau meine Krankenschwester war und die all ihre Kolleginnen dazu eingeladen hatte, meinen ersten Ausgang zu feiern. Ich durfte zwei Gläser Aquavit trinken. Dieser wunderbare Alkohol versetzte mich in eine euphorische Stimmung, wie ich sie schon lange nicht mehr gekannt hatte. Vielleicht ist es diesem Gefühl jenes Abends zu verdanken, daß der Aquavit seitdem mein Lieblingsgetränk ist.

Schließlich kam der Tag, da der französische Konsul in Malmö mir mitteilte, daß die Regierung ein Sonderflugzeug schicken würde, um Frau Jackson und Frau Dickson, zwei Amerikanerinnen (eine war die Frau des Chefarztes des amerikanischen Krankenhauses in Paris) und mich nach Paris zu bringen. Meine Freude war unbeschreiblich. Ich würde endlich meine Tochter wiedersehen, meinen Mann, Pierre Ferri-Pisani und – ich hatte immer noch die Hoffnung, daß auch mein Vater zurückgekommen war.

Zwei Tage später fuhr ich mit zwei Koffern voller Geschenken nach Malmö. Ich verbrachte einen Abend bei meinen Freunden, dem Konsul Beg und seiner Frau. An dem Essen nahmen auch die Flugoffiziere teil, die uns abholten. Am nächsten Tag kam die langersehnte und langerhoffte Heimkehr in einem Flugzeug der französischen Streitkräfte, das in Villacoublay landete. Wegen eines Durcheinanders mit den Telegrammen war meine Familie nicht am Flugplatz. Etwas enttäuscht fuhr ich mit dem Bus. Aber ich war schließlich in Paris, in meinem Paris. Der Anblick des Place de la Concorde rief nach diesen schrecklichen Monaten ein überwältigendes Gefühl hervor.

Ich lehnte den fast obligatorischen Halt im Hotel Lutetia, dem Zentrum für die Begrüßung und Registrierung der Deportierten ab, und ließ mich sofort nach Hause bringen, wo Robert, Marie-Claude und Bobby, die inzwischen Bescheid bekommen hatten, mich ganz erschüttert erwarteten.

Wie soll ich diese Rückkehr beschreiben? Dafür gibt es keine Worte. Leider ist das Glück niemals vollkommen. Wir hatten immer noch keine Nachricht von meinem Vater, der nach Auschwitz verschleppt worden war, was man mir bis dahin immer verschwiegen hatte. In einem Brief nach Vaxjö hatten mir meine Angehörigen lediglich seine Verhaftung mitgeteilt.

Langsam ging das Leben wieder seinen Gang. Ich erhielt den Besuch aller bedeutenden medizinischen Kapazitäten. Ich war ein besonders interessanter Fall. (Anmerk. des Übers.: Odette Fabius wog nach ihrer Befreiung noch 31 Kilo.)

Zwei nicht medizinische Besuche haben mir besondere Freude gemacht: Der erste war Maurice Schumann (der spätere französische Außenminister). Ich kannte ihn nicht, aber er hatte sich in London mit meinem Bruder angefreundet und wollte mich nun beglückwünschen und die wie durch ein Wunder Gerettete kennenlernen.

Der zweite Besuch, den ich genausowenig kannte, war die Baronin von Rothschild. Die Arme voller Blumen drückte sie mir den Dank der jüdischen Gemeinschaft aus. Ich hätte meine Rolle als französische Patriotin erfüllt, ohne aufzuhören, Jüdin zu sein, auch wenn ich das nicht offen sagen konnte.

Mein Vater kam nicht zurück. Wir erfuhren viel später, daß er in Birkenau umgekommen ist.

Bei meiner Ankunft in Paris hatte ich schon die Gewißheit, daß es Marie-Claude und ihrem Vater gut ging.

Es ist vielleicht nicht unwichtig, wenn ich erwähne, welche Kaltblütigkeit und Entschlossenheit Robert bewiesen hatte, um zu überleben. Im Oktober 1943 war er mit Marie-Claude von Lavandou auf dem Bahnhof in Nizza angekommen. Sie wollten einige Tage bei einer Tante verbringen, die auf der Promenade des Anglais wohnte. Dabei wurde mein Mann bei einer Razzia verhaftet. Die »Judenjäger«, von denen es damals an der Côte d'Azur wimmelte, besonders auf den Bahnhöfen, hatten schnell seine jüdische Herkunft herausgefunden. Er konnte noch dafür sorgen, daß unsere Tochter weglaufen und direkt zu unserer Tante gehen konnte, die sie erwartete. Robert wurde zunächst, wie alle Juden, in das Sammellager nach Drancy bei Paris gebracht. Er hatte die gute Idee, bei den Verhören meine damalige Version bei meinem Verhör mit dem berüchtigten Kommissar Delage in Marseille, von der ich niemals abgewichen bin, zu übernehmen und zu seinen Gunsten auszulegen. So erklärte er, daß er sich als Jude betrachte, seine Frau jedoch Katholikin sei. Die Deutschen gaben sich jedoch nicht mit seiner Behauptung zufrieden. Sie verlangten Beweise, in diesem Falle einen Taufschein. »Wie soll ich denn dieses Dokument besorgen?« fragte Robert, »da meine Frau im Gefängnis von Fresnes eingesperrt ist, weil sie ihr Haus an Leute vermietet hat, von denen sie nicht wußte, daß sie von der Gestapo gesucht werden.« Die Antwort lautete einfach: »Schreiben Sie Ihrer Frau nach Fresnes«. Robert schrieb mir also ganz ernsthaft, ihm umgehend den unerläßlichen Taufschein zu schicken. Ich erfuhr das erst nach meiner Rückkehr, denn der Brief ist niemals aus Drancy abgeschickt worden. Auf Drängen seiner Kerkermeister schrieb er mir einen zweiten Brief »zur Erinnerung«, der das gleiche Schicksal hatte. Schließlich überstürzten sich die Ereignisse und die Deutschen entschieden, jedenfalls vorläufig, so zu tun als ob.

Man erklärte mich zur Katholikin. Robert wurde wie alle jüdischen Ehemänner »arischer Frauen« und alle jüdischen Frauen von Ariern von Drancy in das Pariser Kaufhaus Lévitan überführt. Es war beschlagnahmt und in ein Konzentrationslager intra-muros (innerhalb der Stadt) umgewandelt worden, wo es relativ liberal zuging.

Diese Verlegung – die ein wahrer Segen war – teilte er mir auf einer Postkarte mit, die ich merkwürdigerweise tatsächlich in Fresnes erhielt. Ich muß jedoch zu meiner großen Schande gestehen, daß ich den verborgenen Sinn nicht gleich begriff. Er schrieb: »Ich bin an einem Ort, garantiert für lange Zeit.« Was sollte das bedeuten? Eine Mitgefangene öffnete mir die Augen: »Er ist bei Lévitan in Paris. Erinnere dich an den Reklameslogan, den man bis 1940 auf allen Radiostationen hörte: ›Ein Möbel mit dem Markenzeichen Lévitan hält garantiert für lange Zeit.‹«

In diesem ganz besonderen Lager traf Robert viele Freunde, darunter die Marquise de Dampierre, geborene Colette Cahen d'Anvers, die ich gut kannte. Ihr Mann war wegen seiner Teilnahme in der Resistance verhaftet worden und kam in einem Konzentrationslager um, während sie selbst nicht deportiert wurde, weil sie mit einem Arier verheiratet war.

Robert kam mit seinem engen Freund Georges Lévy von Drancy zu Lévitan. Lévy war der Besitzer der berühmten Schuhläden André und hatte eine katholische Ehefrau.

Die Nazis benutzten das Warenhaus Lévitan auch als Durchgangsstation für Möbel und Kunstgegenstände, die aus ihren systematischen Plünderungen jüdischer Wohnungen und Besitztümer stammten. Robert mußte sie in Kisten verpacken, die nach Deutschland abgehen sollten. So begegnete er eines Tages mit großer Traurigkeit allen Einrichtungsstücken aus der Wohnung meines Vaters, darunter eine großartige Sammlung von chinesischem Porzellan. Zusammen mit seinem Freund Georges Lévy beschlossen sie, alle Stücke zu zerschlagen, bevor sie sie in die Kisten packten. Dieser Sabotageakt hätte sie teuer zu stehen kommen können, wenn er entdeckt worden wäre. Mich erfüllte er mit echter Freude, als ich nach meiner Rückkehr davon hörte. Ich hätte darunter gelitten, all diese bewundernswerten Museumsstücke in einem deutschen Haushalt zu wissen.

Im August 1944, als die Alliierten sich Paris näherten, entschieden die Verantwortlichen des Lagers, Robert und die anderen Gefangenen auf die andere Seite des Rheins zu deportieren. Mit mehreren Kameraden, darunter Georges Lévy, sollte er in einem Autobus zum Bahnhof Gare de l'est gebracht werden. Der Fahrer war ein Franzose, neben ihm saß ein deutscher Soldat. Unterwegs mußte der Bus langsamer fahren und schließlich anhalten. Robert begriff, daß dies der Augenblick war – jetzt oder niemals – abzuhauen. Er warf sich auf den deutschen Soldaten, der auf der Plattform stand, während der Chauffeur, der über den Zwischenfall sehr froh war und eine Gelegenheit sah, sich freizukaufen, den Soldaten, neben ihm angriff. Die Bewacher, die diesen Angriff überhaupt nicht erwartet hatten, unterlagen. Alle Gefangenen in dem Autobus sprangen heraus und zerstreuten sich schnell in verschiedene Richtungen. Robert wischte sein blutiges Gesicht ab und stieg mit Georges Lévy in die nächste Metro-Station hinab.

Er war überzeugt, daß einer seiner alten Freunde, Jean A., der katholisch war und ein Haus in der Rue Faubourg-Saint-Honoré besaß, ihn aufnehmen würde. Er nahm seinen Fluchtgefährten mit. Er zweifelte nicht daran, daß sie eine Zuflucht finden würden. Er klingelte an der Tür und hielt den Atem an. Und wenn das Haus unbewohnt wäre? Das war es nicht. Der Hausherr öffnete selbst. Aber kaum hatte er Roberts Erklärung gehört, schlug er ihm die Tür vor der Nase zu: »Bist du verrückt, mich um so einen Gefallen zu bitten, wo die Deutschen noch nicht einmal ganz aus Paris abgezogen sind!«

Schließlich fanden die Flüchtlinge Zuflucht bei einer ehemaligen Geliebten von Albert Lévy, dem Vater von Georges Lévy, der ihr ein Haus in Neuilly eingerichtet hatte. Die Gastgeberin war wunderbar. Sie ließ einen Arzt kommen, der die gespaltene Oberlippe von Robert nähte. Seit diesem Tag trug er bis zu seinem Tode einen Schnurrbart, um die Narbe zu verdecken. Sie mußten in ihrem Versteck die Befreiung von Paris abwarten.

Die Kämpfe in der Stadt waren noch nicht vollständig beendet, als mein Mann sich entschloß, ohne die Gefahren allzusehr abzuwägen, in unsere Wohnung in die Rue Montaigne zu gehen. Der Concierge, der ein alter »Freund« war, bat ihn, um jeden Zwischenfall zu vermeiden, wie er sagte, sich noch etwas zu gedulden. Der deutsche Kommandant und seine Frau, die unsere Wohnung besetzt hatten, seien gerade dabei, sie zu räumen. Er habe gesehen, daß die Koffer schon gepackt seien. Robert sah sie fortgehen. Die Frau trug Kleidungsstücke und einen Hut, die mir gehörten.

Marie-Claude hatte sich ausgezeichnet gehalten. Dank eines hilfsbereiten Eisenbahners hatte sie meine mit Bleistift geschriebene Nachricht erhalten, die ich aus dem Zug nach Ravensbrück durch die Fensterluke geworfen hatte, so wie man eine Flaschenpost ins Meer wirft. Das kleine Mädchen konnte sicher nicht ahnen, welches Schicksal ihre Mutter erwartete, aber sie verlor niemals die Hoffnung, mich wiederzusehen. Ihre moralische Stärke beeindruckte alle, die sich um sie kümmerten. Roberts Tante organisierte die Rückkehr des Kindes in das Internat von Lapalisse. Ein Maler aus der Gegend von Nizza, Monsieur Bonamici, brachte sie dorthin. Nach der Befreiung fuhren wir zu seinem Wohnort nach Juan-les-Pins, um ihm zu danken. Er war über das Wiedersehen ebenso glücklich wie wir.

Da ich gerade über die Mittelmeerküste spreche, warum sollte ich da nicht unsere »Strafaktion« erwähnen, die Robert und ich nach Marseille unternahmen? Robert ging es darum, den Betrüger zu finden, der ihm 1943 die 500 000 Francs mit dem Versprechen abgenommen hatte, mich aus dem Gefängnis Saint-Pierre zu befreien. Eine Runde durch einige Bars brachte uns schnell auf seine Spur. Er versuchte nicht zu leugnen. Wir stellten ihn vor eine einfache und klare Wahl: Entweder er zahle die Summe innerhalb von 24 Stunden zurück und wir vergessen die Angelegenheit, oder wir würden ihn anzeigen. Am nächsten Tag erhielten wir unsere 500 000 Francs.

Die Freude, die mein Mann und ich über unser Wiedersehen nach so viel Leiden empfanden, wurde für ihn durch die Enthüllung meiner Verbindung mit Pierre Ferri-Pisani getrübt. Da ich wußte, daß sie ihm nicht lange verborgen bleiben konnte, habe ich ihm als Erste davon erzählt, mit so viel Takt, wie es bei vollkommener Offenheit möglich ist. Ich hoffte, daß er es verstehen und akzeptieren würde und sich bewußt wäre, daß er durch den Krieg unendlich weniger gelitten hatte als Pierre und ich. Aber welcher Ehemann, so groß seine eigenen Verfehlungen auch sein mögen, könnte seine Eifersucht völlig beherrschen und mehr als seine Eifersucht, den Besitzanspruch auf seine Frau.

So groß meine Freude auch war, Robert, Marie-Claude und Bobby lebend wiederzufinden, so wurde meine Rückkehr doch davon überschattet, daß ich keine Nachricht von meinem Vater hatte, auf den ich immer noch wartete. So kräftig, wie er einst war, warum sollte er nicht mit den Nachzüglern heimkehren? Es kam jedoch der Tag, da man die Hoffnung aufgeben mußte.

Ich konnte mich auch nicht an bestimmte bittere oder dumme Redensarten gewöhnen, die ich zu hören bekam. Ich denke zum Beispiel an eine Einladung zum Kaffee bei Madame Guggenheim, einer alten Freundin der Familie. Sie hatte den ganzen Krieg in New York verbracht. Ihre beiden Töchter waren in Frankreich geblieben, weil ihre jungen Ehemänner kurz vor ihrer Abreise eingezogen wurden. Diese verwöhnte Frau sagte mir ganz unbekümmert: »Sie, die Sie den Krieg in Europa (!) verbracht haben, können sich gar nicht vorstellen, wie sehr wir darunter gelitten haben, so weit entfernt, so ohne Nachrichten ...«

Eine andere bittersüße Bemerkung hörte ich an dem Tag, als ich zum ersten Mal ausging. Ich wollte unbedingt in der Synagoge in der Rue de la Victoire an einem Gedenkgottesdienst für meinen Onkel Raymond Berr, Generaldirektor bei Kuhlmann, und seine Frau Antoinette teilnehmen. Raymond hatte unbedingt in Paris bleiben wollen, um seine Arbeiter zu schützen. Nach einem Jahr einer Art von Kollaboration, die gegen seinen Willen zustande kam, wurde er mit seiner Frau und einer ihrer Töchter verhaftet. Sie kamen niemals wieder. Als ich an zwei Stöcken humpelnd und von Robert gestützt an meiner Tante Germaine Schneider, der Schwester von Antoinette, vorbeikam, hörte ich sie murmeln: »Manche haben Glück gehabt, wieder heimzukehren!« Diese Reaktion ist wahrscheinlich verständlich durch den Schmerz, den die große Leere verursacht, die alle Verschwundenen hinterlassen haben, eine Leere, die viele andere hingegen tapfer ertragen haben. Was sollte ich darauf antworten?

Ich ging auch über eine ähnliche Bemerkung hinweg, die Madame Kahn machte. Ihre Tochter, Odette Baur, deren Mann und ihre vier Kinder kamen auch nicht wieder, während André Baur, der Präsident der Vereinigung der Juden Frankreichs, gewisse Rücksichten und Ausnahmerechte genossen hatte. Die Atmosphäre war manchmal vergiftet. Wen hatte es getroffen, wen nicht? Violette Lehmann (alias Valentine Lebond), die Frau mit den zwei Identitätskarten, kam aus Auschwitz zurück und nahm wieder ein normales Leben auf, sprach aber niemals mehr mit mir. Zweifellos hat meine Flucht in Mont-de-Marsan sie auf den Gedanken gebracht, daß ich mit dem Hauptmann der Gendarmerie paktiert habe.

Als es mir nach meiner Rückkehr aus Schweden besser ging und ich in der Lage war, Verabredungen zu treffen, bat ich Prof. Robert Debré um eine Konsultation, denn ich war beunruhigt, wie »aufgeschwemmt« Marie-Claude während meiner Abwesenheit geworden war.

Ich hatte 1943 ein entzückendes, schlankes kleines Mädchen zurückgelassen, und ich fand ein Kind wieder, das zweifellos immer noch hübsch war, aber das seinen Umfang verdoppelt hatte. Alle ihr Nahestehenden hatten sich bemüht, sie zu verwöhnen, das heißt überzuernähren, um sie über die Abwesenheit ihrer Mutter zu trösten. Sie näherte sich dem Pubertätsalter, was vielleicht auch ein Problem darstellte. Prof. Debré gab mir sofort einen Termin. Er untersuchte Marie-Claude gründlich und erklärte mir, was ich tun sollte. Als ich mich verabschiedete, fragte ich ihn: »Herr Professor, was bin ich Ihnen schuldig?« Seine Antwort kam ganz spontan:

»Madame, ich muß Sie fragen, was ich Ihnen schuldig bin.«

Solch ein Feingefühl und solche Spontaneität bei einem international so bekannten Arzt wie Prof. Debré zu finden, war selbst in jener Zeit sehr selten.

Sobald ich dazu in der Lage war, fuhr ich, immer noch auf meine Stöcke gestützt, mit Marie-Claude nach Biarritz. Wir mußten im Hotel wohnen, denn die Villa war infolge meiner Rettungsaktion für Bayonne verwüstet worden und die Möbel in alle Winde verstreut. Vorhänge und Wandbespannungen waren zerrissen, die Kristalleuchter verschwunden, Waschbecken und Badewannen herausgerissen usw.

Die Schutthaufen zeugten von der Wut der Zerstörer. Was tun? Die Villa in Ordnung zu bringen, war ein finanzieller Wahnsinn, den wir uns nicht leisten konnten. Mein Bruder und ich verkauften dieses Haus, das Zeuge unserer Kindheit und unserer Jugend gewesen war. Wir dachten, daß uns immer noch das Gut in Bayonne bliebe. Es hatte weniger gelitten. Die Offiziere des Reiterkorps hatten sich damit begnügt, die wenigen verbliebenen Möbel, die keinen großen Wert besaßen, zu verheizen.

Auf »gesellschaftlicher Ebene« wurde ich mit echter Begeisterung empfangen. In Biarritz wohnten vor dem Krieg zahlreiche südamerikanische Familien, die vor dem Waffenstillstand abgereist waren. Sie sind wiedergekommen und waren auf liebenswürdige Weise sehr stolz, unter ihren früheren französischen Freunden eine »Heldin« zu haben.

Ein kleiner Zwischenfall kennzeichnet diese Zeit. Während des Krieges lebte der uneheliche Sohn des spanischen Königs Alphons XIII. und der Marquise de la Vinaza in Biarritz. Er hatte es immer vermieden, mich zu grüßen und sich seit 1940 für die Kollaboration mit den Deutschen entschieden. Im Café de Paris gab er prunkvolle Diners, bei denen er als erster das berüchtigte Horst-Wessel-Lied anstimmte. Als ich ihn nach meiner Rückkehr wiedersah, eilte er mit ausgebreiteten Armen auf mich zu, um mich an sein Herz zu drücken. Meine Reaktion kam ganz spontan: »Nanu, deine zwei Arme funktionieren! Ich dachte, daß einer gelähmt war« – damit drehte ich ihm den Rücken zu.

7. Kapitel

Trotz des Glücksgefühls, wieder mit meinen Angehörigen vereint zu sein, wieder als freie Frau über die Place Concorde zu schlendern, bedrückte mich die Sorge um das Schicksal von Pierre Ferri-Pisani. War er davongekommen? Und wie?

Es dauerte nicht lange, bis ich es erfuhr. Schon am Nachmittag meiner Ankunft überbrachte eine Sekretärin mir eine Nachricht von ihm. In einem langen Brief teilte er mir mit, daß er so lange wie möglich in Paris auf mich gewartet habe. Er war viel früher als ich entlassen worden und war sehr krank. Er hatte schlechte Nachrichten aus Marseille erhalten. Seine Frau hatte einen Selbstmordversuch unternommen, und die politische Situation erschien ihm katastrophal. Ich antwortete ihm, daß sich für mich nichts geändert hätte und ich auf dem Weg der Genesung sei. Diese schreckliche Prüfung sei eine Erfahrung gewesen, die andere sich unmöglich vorstellen könnten, die mich jedoch in gewisser Weise reicher gemacht habe. Nur der Gedanke an meine Tochter hätte mir einen stechenden Schmerz bereitet. Wir beide waren erwachsen und für unsere Handlungen verantwortlich. Aber habe ich das Recht gehabt, ein Kind in solch ein Abenteuer hineinzuziehen? Das war meine einzige Sorge, waren meine einzigen Gewissensbisse.

Ich glaube nicht, daß mein Brief das war, was er erwartet hatte. Ich fügte noch hinzu, daß es mein sehnlichster Wunsch sei, die ärztliche Erlaubnis zu erhalten, ihn so schnell wie möglich in Marseille zu besuchen.

Zehn Wochen nach meiner Rückkehr erhielt ich die Erlaubnis, mit einer Freundin und meinen Stöcken zu reisen.

Robert machte zu meiner Reise keine Bemerkung, denn ich hatte ihm zu diesem Zeitpunkt noch nichts von meiner Beziehung zu Ferri-Pisani enthüllt. Er hatte nach der Befreiung nichtsahnend Frau Pisani aufgesucht, um sich nach Neuigkeiten zu erkundigen und sie hatte ihn rausgeworfen.

Ich kam um sieben Uhr in Marseille an. Um neun Uhr war ich bei Jean Secco, der auch wiedergekommen war. Er hatte mich nicht erwartet. Seine Freude und seine Überraschung waren ergreifend.

Noch ergreifender war die Ankündigung, daß Ferri gegen elf Uhr zu ihm kommen würde. Jean Secco bereitete mich auf den Eindruck vor, den Pierre auf mich machen würde. Er hatte zwanzig Kilo abgenommen, auf einem Ohr hatte er das Gehör verloren, als er auf eine Mine getreten war. Während seiner Deportation hatte ihn der Gedanke gequält, daß ich die gleichen Leiden durchmachen mußte wie er. Im Lager hat er fast ein Jahr lang zu keinem Menschen mehr gesprochen.

Jean Secco bat mich um eine halbe Stunde, um Ferri auf das Wiedersehen vorzubereiten. Ich war schon ungeduldig geworden, als die Tür aufging und Pierre eintrat. Er streckte mir die Arme entgegen und fiel in Ohnmacht. Er war äußerst geschwächt. Madame Secco und ich legten ihn auf ein Bett – man ließ uns allein.

Wieviel hatten wir uns zu sagen! Unsere Reaktionen waren völlig unterschiedlich. Er konnte nicht mit dem fertig werden, was er gesehen, erlebt und erlitten hatte. Es konnte nicht damit fertig werden, daß es solche bösartigen und grausamen Menschen geben konnte. Seine ganze Energie, seine Lebensfreude schienen ihm genommen. Er verstand nicht, daß ich sagen konnte, ich hätte versucht, bei all diesen schrecklichen Erlebnissen auch bestimmte positive Aspekte zu entdecken. Die Kraft der Freundschaft, der Kameradschaft, die tröstliche Güte des Aufenthalts in Schweden. Seine Freunde waren niedergeschlagen, denn er wollte nichts mehr tun. Er lehnte es ab, wieder für die Sozialistische Partei und die Seeleutegewerkschaft zu kämpfen. Sie setzten all ihr Vertrauen in mich, ihm zu helfen, wieder aus seinem Tief herauszukommen. Nach einigen Tagen erreichte ich, daß er zu den Wahlen kandidierte, obwohl Gaston Defferre seitens der Sozialisten die Situation in Marseille beherrschte. Ferri schien wieder Freude am Leben zu gewinnen. Ich kehrte nach Paris zurück, wo er regelmäßig hinkam, um mit seinen Parteifreunden zu diskutieren. Er wohnte auf den Großen Boulevards im Hotel Ronceray und ich besuchte ihn dort jedesmal. Einige Tage vor den Wahlen fuhr ich nach Marseille. Wir hatten uns für dreizehn Uhr verabredet, um zusammen zu essen. Um dreizehn Uhr kam Jean Secco und erklärte mir:

»Ferri läßt Ihnen sagen, Sie möchten heute Abend wieder abreisen. Er kommt gegen achtzehn Uhr, um Ihnen den Grund zu erklären.«

Ich stellte mich also darauf ein, zurückzufahren. Die Erklärung erhielt ich kurz vor meiner Abfahrt ... Pierre hatte das Gefühl gehabt, verfolgt zu werden. Als er sich umdrehte, stand er plötzlich seiner Frau gegenüber. Hatte er ein Vorgefühl? Er ergriff ihre Handtasche und fand darin einen geladenen Revolver. Wen wollte sie töten? Ihn? Mich? Uns beide? Jedenfalls mußte wenige Tage vor den Wahlen jeder Skandal vermieden werden. Ich machte mich also wieder auf den Weg nach Paris.

Ich war sehr bestürzt. Ferri war nicht mehr der Ferri von 1942/1943. Ich liebte ihn immer noch, und ich wußte, daß er mich liebte. Er hatte den Kampf wieder aufgenommen, um eine Stellung zu erlangen, die es ihm ermöglichte, nach Paris und in meine Nähe zu kommen. Aber er war nicht frei. Seine Frau hatte versucht, sich umzubringen, als sie von unserer Verbindung erfahren hatte, und vernachlässigte ihre beiden Söhne. Ich hingegen war mit meinen Angehörigen wieder vereint. Robert und ich, wir hatten einen modus vivendi gefunden: absolute Freiheit, die Zuneigung und Zärtlichkeit nicht ausschloß, denn wir hatten ja Marie-Claude. Sie sollte das Gefühl haben, wieder Eltern und ein Zuhause zu haben. Der Lebensstil von Ferri unterschied sich von allem, was ich bislang kennengelernt hatte. Paradoxerweise hat unsere Befreiung zwischen uns Hindernisse aufgerichtet.

Dieses besondere, sehr gemischte Milieu, in dem Ferri verkehrte und von dem ich einen kleinen, ziemlich unvollkommenen Ausschnitt unter den besonderen Umständen in Marseille 1942/43 kennengelernt hatte, umfaßte Parteifunktionäre aus Paris ebenso aus dem Mittelmeerraum, die großzügig, sympathisch, idealistisch waren, sowie eine Menge von »Kumpeln«, die mehr oder weniger Leibwächter und Sekretäre waren und mir wie Filmgestalten vorkamen. Sie waren ergeben, diszipliniert, diskret, dienstbar. Aber die Rolle, die jeder einzelne spielte, war mir nicht klar. Wenn man nicht selbst als Korse geboren ist, sollte man nicht versuchen, die Dinge zu verstehen, die die Eingeborenen dieser Insel der Schönheit betreffen.

Wenn Pierre nach Paris kam, führte er mich gern in ein Restaurant in der Nähe des Platzes Clichy, das damals in Mode war. Ich holte ihn in seinem Hotel auf den Großen Boulevards ab. Es kam vor, daß ich auf ihn warten mußte, denn er empfing während seines Aufenthalts in Paris viele Besucher. Die Menschen seiner Umgebung, die ich eben erwähnte, leisteten mir mit einer rührenden Freundlichkeit Gesellschaft. Für sie war ich die Gefährtin ihres Patrons, ihres Chefs und Beschützers. Und in dieser Stellung standen mir Respekt und Aufmerksamkeit zu. Sie glaubten auch, es meiner Stellung schuldig zu sein, mich mit »Madame Pierre« anreden zu müssen, was ich schrecklich fand, vor allem in Restaurants und in der Öffentlichkeit. Ich fragte mich, ob ich als Tochter des Pariser Großbürgertums in mir genügend Kraft, oder vielmehr genügend Willen finden würde, um eines Tages die Kluft zu überwinden, die mich von Pierres mir so fremden Lebenswelt trennte.

Ich muß meinem Freund übrigens die Gerechtigkeit widerfahren lassen, daß er nicht nur diesen Umgang hatte. Er unterhielt in Paris enge Beziehungen mit Persönlichkeiten aus Politik und Resistance, die er mir vorstellte und deren Bekanntschaft mir sehr viel gab. Ich merkte übrigens, daß Pierre einen gewissen Stolz empfand, mich diesen bekannten Leuten vorzustellen, die zum Establishment« der IV. Republik gehörten.

Man könnte sagen, daß meine eigene Vergangenheit in der Resistance, der Charme und die Sicherheit, die man mir zuschrieb, sein nicht geringes persönliches Prestige erhöhten.

Pierre empfand große Bewunderung für Léon Jouhaux, den er als seinen geistigen Vater betrachtete. Er versprach mir, daß er mich zu einem Essen mit dieser Persönlichkeit einladen würde. Jouhaux stand damals auf dem Höhepunkt seines Ansehens und erhielt einige Jahre darauf den Friedensnobelpreis. Mein Freund versicherte mir, daß ich von der Intelligenz, der Bildung und Autorität dieses großen Gewerkschaftsführers bezaubert sein würde. Das Essen fand statt. Es war außergewöhnlich angenehm. Jouhaux war tatsächlich ein brillanter Geist, ein Mann von internationalem Rang – und was noch wichtiger ist, von großer Freundlichkeit. Dies gehörte zu den sehr schönen Augenblicken während Pierres Besuchen in Paris.

Aber trotz gewisser wunderbarer Momente fühlte ich mich nicht in der Lage, mit meiner ganzen Vergangenheit zu brechen, die nach dem Ende des Krieges wieder in mir erwachte.

Unsere finanzielle Lage war sehr schwierig geworden. Roberts Geschäfte gingen kaum, vielleicht fiel es ihm auch schwer, wieder reinzukommen. Ich entschloß mich also, einen mir in den USA angebotenen Posten anzunehmen. Pierre wurde innerhalb der Sozialistischen Partei von Gaston Defferre besiegt. Also gab es für ihn keine Möglichkeit mehr für häufige Besuche in Paris. Ich bestieg das Flugzeug und erst von Bord teilte ich ihm meine Entscheidung mit. Er antwortete mir mit einem sehr zärtlichen Brief, in dem er mir sagte, daß ich recht hätte. War es Ehrlichkeit, korsischer Stolz? Ich habe es nicht rausgefunden. Wenn ich alle zwei Monate für acht Tage nach Paris kam, besuchte Pierre mich jedesmal für 48 Stunden. Wir nahmen unsere Mahlzeiten zusammen ein und sprachen über unser Leben, das sich so wenig ähnelte, von unseren Plänen und Hoffnungen. Eines Tages fragte er mich:

»Habe ich einen Nachfolger?«

»Ja«, antwortete ich. »Ich konnte nicht endlos allein bleiben.«

Ich habe ihn niemals wiedergesehen. Zehn Jahre später erfuhr ich aus der Presse, daß er Selbstmord begangen hat.

Ich fuhr nach Marseille, wo ich seinen Sohn Charles aufsuchte, der Anwalt beim Appellationsgericht war. Er erzählte mir: Nachdem Pierre die Wahlen verloren hatte, ließ er in seiner Wohnung, Boulevard des Dames, eine Trennmauer errichten. Er lebte in einer Hälfte, seine Frau in der anderen. Sie sprachen nicht mehr miteinander. Seine letzten Jahre waren durch eine Reihe von Niederlagen gekennzeichnet, obwohl er der brillanteste Mann war, den ich jemals kennengelernt hatte.

Seine erste Niederlage war zweifellos seine Beziehung zu mir. Die zweite waren die Wahlen in Marseille. Schließlich der dritte Mißerfolg: Er war als Repräsentant für Europa in der A. F. L. (American Federation of Labor) in Istanbul ernannt worden. Wenige Jahre darauf beschlossen die Amerikaner, ihr Büro in Europa zu schließen. Das war für ihn eine furchtbare Enttäuschung, die ich nachfühlen konnte. Er hatte die Lust am kämpfen wiedergewonnen. Ich war sicher, daß wir uns später als gute Freunde wiederfinden würden. Wir waren durch zu viele Erinnerungen verbunden, als daß wir uns völlig aus den Augen verlieren könnten. Als er Selbstmord beging, indem er sich mit dem Revolver in den Mund schoß, begriff ich, daß ich an diesem Tag nicht nur eine alte Liebe verlor, sondern den besten Freund, den ich jemals auf der Welt hatte.

In den Lagern habe ich nie irgend jemand verdächtigt, aus materiellen Interessen in die Resistance eingetreten zu sein. Nach meiner Rückkehr mußte ich feststellen, daß einige Überlebende versuchten, aus ihrer Situation Nutzen zu ziehen. Am Quai de Bercy, wo sich das Zentrum für medizinische Gutachten befand, erlebte ich, daß eine junge Frau, die ich sehr gut kannte, eine Szene machte und die Anerkennung einer Invalidität von zwanzig Prozent forderte, während man ihr nur zehn gewähren wollte.

Ich hingegen war sehr erstaunt, daß der Augenarzt, der mich untersuchte, mir sagte, ich hätte eine Bindehautentzündung. Ich zweifelte seine Diagnose an: »Ganz und gar nicht, Doktor, ich habe niemals eine gehabt.« Er beharrte: »Wenn ich Ihnen doch sage, daß Sie eine Bindehautentzündung haben!« Ich widersprach ihm weiter, sicher, daß ich im Recht war. Er gab als Erster auf: »Gut, Sie haben keine Bindehautentzündung.« Sein Ton war unfreundlich. Als ich wieder bei dem Angestellten vorbeikam, der die Patienten einschrieb, warf er mir meine Haltung vor:

»Madame, warum haben Sie dem Arzt widersprochen?«

»Ich habe nur die Wahrheit gesagt.« Er war ganz enttäuscht:

»Haben Sie denn nicht gemerkt, daß er Ihnen zehn Punkte mehr für ihre Pension geben wollte?«

Nein, tatsächlich, das habe ich nicht gemerkt.

Als ich zum Quai de Bercy bestellt wurde, wo meine endgültige Pension festgelegt werden sollte, hatte ich Glück. Zuerst wurde ich von einer Gruppe sehr eleganter und höflicher Offiziere empfangen. Ein Colonel teilte mir mit wohlwollendem Lächeln die Höhe meiner Pension mit. Da erhob sich eine Frauenstimme. Es war eine bekannte Ärztin, überdies Kommunistin: »Colonel, hat Madame Fabius Ihnen nicht gesagt, daß sie die einzige Frau ist, die eine Flucht aus Ravensbrück überlebt hat? Hat sie Ihnen nicht gesagt daß sie die Deutschen von früh bis spät beschimpft hat?«

Der Colonel wandte sich an mich: »Sie sind aus Ravensbrück geflohen, Madame?«

»Ich hab es versucht, aber ich wurde wieder eingefangen. Ich habe meine Flucht verpatzt.«

»Sind Sie gefoltert worden?«

»Ich habe fünfzig Stockschläge bekommen und zehn Tage Bunker, aber durch diesen Fluchtversuch hatte ich viele Freunde.«

Als ich wieder ging, sagte mir ein Arzt, den ich etwas kannte: »Bravo« – »Warum Bravo?« – »Weil er Ihnen zwanzig Punkte gegeben hat, während er sonst nur fünf gibt. Sie haben ihn mit der Selbstverständlichkeit Ihrer Schilderung sehr beeindruckt. So, als wäre Ihnen nicht bewußt, von welchem Mut Ihr Verhalten zeugte.«

Ein Jahr nach meiner Rückkehr aus dem Lager schlug Pierre Comert, der Direktor der Zeitung »France« in London, mir einen Studienaufenthalt bei der UNO in New York vor. Auch mein Bruder arbeitete seit einiger Zeit in New York als Informationsdirektor Frankreichs bei der UNO.

Ich nahm also den Posten an, ein wenig, um unserer »Familie« zu helfen, wieder ein Heim aufzubauen, das dieses Namens würdig ist, mehr noch, um meinem Bruder näher zu sein, den ich nach meiner Rückkehr selten gesehen habe und der mir so sehr fehlte.

Am Tag meiner Abreise erhielt ich vom Armeeministerium die Nachricht, daß ich zum Ritter der Ehrenlegion ernannt worden bin, eine Auszeichnung, die das Kriegskreuz mit Palmen einschloß. Die Freude war riesig zu Hause ... Die einzigen Worte meines Mannes waren: »Wie stolz wären Deine Eltern gewesen.«

Ich reiste am selben Abend ab. Eine Freundesschar mit Blumen in den Farben Frankreichs begleitete mich zum Flugplatz Le Bourget. Nach einem Aufenthalt in Shannon und Gander kam ich am nächsten Tag in New York an. Ich wurde begrüßt von meinem Bruder sowie von dem bedeutenden Rechtsanwalt Torrès, einem Freund meines Vaters, von Reportern der französischen Zeitung »France-Amerique« in New York und von vielen, die wir in Frankreich etwas zynisch die »Widerstandskämpfer der V. Avenue« genannt hatten. Ich traf zahlreiche Freunde wieder, die die entscheidenden Jahre in New York verbracht hatten. Einige von ihnen hatten sich entschieden, dort zu bleiben oder ihr Leben zwischen Frankreich und den USA zu teilen.

Alexander Parodi, der Botschafter Frankreichs bei der UNO, gab mir zu Ehren ein Essen mit allen offiziellen Vertretern Frankreichs. General Billotte, der militärische Vertreter, dessen Frau eine Freundin aus meiner Kindheit war, gab ebenfalls ein Essen.

Aber meine größte Freude war, daß ich bei meinem Bruder wohnen konnte und meine Freundin Andrée Girard wiedertraf, deren Mann in die USA gegangen war, um mit den amerikanischen Diensten zu arbeiten.

Ich wurde als Mitarbeiterin des Vicomte Jehan de Noue, des Protokollchefs der UNO, berufen. Ich bekam diese Aufgabe sehr schnell über. Ich hatte nicht so viele Leiden erduldet, um mich jetzt mit Einladungen, Empfängen, Tischordnungen und Organisationsfragen der UNO zu beschäftigen. Ich bat also darum, nach Frankreich zurückkehren zu können.

In Paris schlug mir Henri Ingrand, der Generalbeauftragte für Tourismus vor, wieder nach New York zu gehen und eine gründliche Studie über die Entwicklungsmöglichkeiten des französischen Tourismus in den USA anzustellen.

Ich fuhr also wieder nach New York und nahm mit einer Gruppe Kontakt auf, die sich bescheiden »die vier Großen« nannte. Sie bestand aus Philippe de Croisset (Sohn von Francis de Croisset), der Henri Ingrand und die Gesellschaft Tourisme français vertrat, Jean-

Bernard Verlot, Generalvertreter der französischen Eisenbahngesellschaft S. N. C. F. für die USA und Kanada, Henri Lesueur, Generaldirektor von Air France, und Guy de Berque, Generalvertreter der Compagnie Générale Transatlantique. Jean-Bernard Verlot erklärte sich sofort bereit, mir bei meiner Aufgabe zu helfen. Ihm verdanke ich es, daß mein Bericht in Paris breite Zustimmung fand.

Die französischen Reisebüros waren in den USA ungenügend vertreten. Es gab überhaupt nur zwei. Eins davon war die Agentur Havas, deren Direktor während des Krieges die amerikanische Staatsbürgerschaft angenommen hatte, obwohl er in dem Alter war, sein Vaterland zu verteidigen. Das andere war eine private Agentur, deren Direktor während des Krieges eine pronazistische Deutsche geheiratet hatte.

Ich wurde also gefragt, ob ich bereit sei, ein wirklich französisches Büro einzurichten, das von den offiziellen Stellen in Paris unterstützt würde.

Trotz der Versicherung, daß ich jeden Monat nach Frankreich fahren könnte, nahm ich erst nach langem Zögern an. Es war ein neues Abenteuer, das mich reizte.

Ich eröffnete also das Reisebüro »French Travel Service« in der 58. Straße und stellte drei Mitarbeiter ein. Ich investierte selbst Kapital, indem ich eine Hypothek auf Bayonne aufnahm. Außerdem nahm ich zwei reiche Franzosen aus New York, die während des Krieges nichts getan hatten und dachten, sie könnten etwas gutmachen, als Teilhaber herein.

Mein Leben verlief in New York zwischen meinem Büro, meinem Bruder und meinen Freunden Girard, mit denen ich mich regelmäßig traf. Durch sie entdeckte ich ein spannendes New York, das Touristen im allgemeinen nicht kennenlernen, wie die Bowery, das chinesische Viertel und Harlem. Ich traf auch einen meiner Cousins wieder, Pierre Rodrigues-Ely, der stellvertretender Handelsattaché in New York war. Da er ein ziemlich großes Vermögen besaß, leistete er sich das Vergnügen und kaufte sich ein französisches Restaurant, das »Marmiton«, wo man sehr gut aß. Das schien den offiziellen Stellen des Konsulats jedoch nicht zu gefallen und man trennte sich von ihm. Diese Entlassung bereitete ihm echten Kummer und führte dazu, daß er sich etwas zu sehr dem Weinkeller seines Restaurants widmete. Dann hatte er eine andere Laune, um seine freie Zeit auszufüllen: Er kaufte eine Kuchenbäckerei en gros. Eines Sonntags morgens lud er mich ein, ihn beim Ausliefern seiner Kuchen zu begleiten. Ich fand die Idee amüsant und fuhr mit. Die erste Bäckerei, die wir aufsuchten, war in der Nacht verschwunden. Es war nur eine rauchende Ruine übriggeblieben. Sofort beschloß er vergnügt, seine Kuchen an die Kinder des Stadtviertels zu verteilen, die begeistert waren von diesem Manna, das ihnen nicht vom Himmel fiel, sondern von den Resten eines abgebrannten Bäckerladens kam.

Das war das Phänomen Pierre. Er hatte viele sympathische Seiten, doch in einer sorgenvollen Nacht beging er im Central Park Selbstmord, indem er die Auspuffgase in das Innere des geschlossenen Wagens leitete. Er litt nach einer schwierigen Scheidung unter einer Einsamkeit, die er für unheilbar hielt. Der Verlust seiner offiziellen Funktion wegen seiner kommerziellen Unternehmen war ihm auch sehr nahe gegangen.

Mit großer Freude traf ich Ruth Dubonnet wieder, die Frau des Besitzers der berühmten Aperitiffirma Dubonnet, die sich darum bemühte, wieder Amerikanerin zu werden. Ich konnte ihr dabei helfen, indem ich beim FBI bezeugte, welche wertvolle Hilfe sie dem französischen Roten Kreuz geleistet hatte, daß sie ihm eine Ambulanz gespendet, sich persönlich eingesetzt und die Gefangenenlager besucht hatte. Dank dieser Zeugenaussage erlangte sie die amerikanische Staatsbürgerschaft wieder und ließ sich von André Dubonnet scheiden.

Ein Jahr nach der Gründung meines »French Travel Service« in New York traf eine Delegation aus Paris ein, um nach dem Vorbild der italienischen Tourismus Compagnie oder des American Express ein großes nationales Reisebüro zu gründen. Diese Delegation unter Leitung von Henri Ingrand persönlich und bedeutenden Vertretern offizieller Organisationen aus Paris schwankte zwischen der Gründung einer neuen Gesellschaft oder dem Kauf eines bereits bestehenden Reisebüros. Ihre Wahl fiel schließlich auf meine kürzlich gegründete Agentur, die von einer Person geführt wurde, die ihre Verbundenheit mit ihrem Land bewiesen hatte. Man schlug mir vor, meine Agentur zu verkaufen.

Die Entscheidung fiel mir schwer, denn ich verlor auf diese Weise jede Selbständigkeit und Unabhängigkeit, doch gleichzeitig bot man mir einen Zehnjahresvertrag als Direktorin und ein sehr schönes Gehalt an, und ich brauchte mir keine Sorgen um die finanzielle Seite meines Unternehmens zu machen.

Auf Zureden von Jean-Bernard Verlot nahm ich schließlich an. Alle Ausgaben, die ich in das Unternehmen investiert hatte, erhielt ich ohne Gewinn zurückerstattet.

Ich zog in ein prächtiges Gebäude in der V. Avenue, in das »Maison Française« mit sehr schönen Büroräumen im zwanzigsten Stockwerk, gegenüber der Kirche Saint-Patrick. »Mitbewohner« waren das französische »Office du Tourisme« im Erdgeschoß und die Vertretung der französischen Eisenbahnen S. N. C. F. im vierten Stock.

Ich verdreifachte mein Personal und erlebte eine aufregende Zeit, in der ich mit Hilfe der »Vier Großen« ein anziehendes Bild von Frankreich über die gesamte USA verbreiten konnte. Ich fuhr weiter regelmäßig nach Paris. Ich ließ auch Marie-Claude nach Amerika kommen und brachte sie in einem College in der Nähe von New York unter, und sie besuchte mich jedes Wochenende.

Mit Jean-Bernard Verlot verband mich eine tiefe Freundschaft. Als Generalvertreter der französischen Eisenbahnen konnte er mir für die Entwicklung meines Büros wertvolle Hilfe leisten.

Ich traf mich weiter mit zahlreichen Freunden. Die Wochenenden verbrachte ich in Princetown in der Nähe der Universität, wo meine Freunde Girard dank ihrer Beziehungen ein wunderbares Haus bewohnten und sich die Elite der französischen Gesellschaft der Umgebung traf: Die Casadesus, Maurice Coindreau, Übersetzer von Hemingway, Faulkner, Erskine Caldwell, Truman Capote und andere große amerikanische Autoren, sowie der Architekt Labatut. Das war eine sehr fruchtbare Zeit für mich.

André Girard lud mich eines Tages zu einem Diner bei einem Freund ein, wollte aber nicht sagen, um wen es sich handelte. Er versicherte nur, daß es eine große Überraschung sein würde. Er holte mich wie vereinbart um sieben Uhr mit dem Taxi ab.

Wir fuhren in die Stadt hinunter. Das Haus wirkte ganz bescheiden. André klingelte. Eine kleine häßliche Person, die aber Intelligenz, Scharfsinn, Schlagfertigkeit und einen ungewöhnlichen Charme ausstrahlte, öffnete uns die Tür. Es war Boris Souvarine – was für eine wunderbare Überraschung. Zwischen uns entstand sofort ein freundschaftlicher Kontakt. Das war ein besonders gelungener Abend. Wir blieben bis drei Uhr morgens. Die Ausstrahlung und der Zauber Souvarines nahmen uns gefangen.

Das war der Beginn einer Freundschaft, die ich Girard verdanke und die lange Jahre andauerte. Wir trafen uns in Paris wieder. Françoise, die französische Frau Souvarines, die damals nicht in New York weilte, war charmant, stand aber mehr im Hintergrund ihres glänzenden Mannes. Dieser entwickelte eine echte Freundschaft für Robert. Er traf sich regelmäßig mit ihm im Café Flore vor einem Abendessen zu viert bei dem einen oder dem anderen.

Die Souvarines wohnten damals in einem Appartement auf dem Boulevard Saint Germain.

Wie soll man alles wiedergeben, was Boris in diesen Gesprächen mit solcher Beredsamkeit schilderte, seine Erinnerungen an die Entstehung des Bolschewismus. Er war 1895 geboren und während des ersten Weltkriegs in Paris Korrespondent des »Neuen Lebens«, einer Tageszeitung, die Gorki in Petrograd herausgab und leitete. Souvarine gehörte zu den Mitbegründern der Französischen Kommunistischen Partei, bevor er Sekretär der III. Internationale wurde. In dieser Funktion arbeitete er mit Lenin zusammen, dessen Freund er wurde. Er war besonders eng mit Trotzki verbunden, auch mit Sinowjew und Bucharin. Trotz dieser Freundschaften wurde er wegen mangelnder Disziplin aus dieser Gruppe ausgeschlossen. Er arbeitete dann in Paris als Korrespondent des Marx-Engels-Instituts unter der Leitung von David Riazanow, dessen treuester Freund er wurde. Nach dem Ausschluß aus diesem Institut wurde er Korrespondent der »Sozialgeschichte« in Amsterdam. Schließlich wurde er Begründer und Direktor der »Critique Sociale«, dann des »Combat Social«.

Niemand konnte einen besser in die Geschichte und Entwicklung des Bolschewismus und seiner Veränderungen einführen als er.

Er hatte viele Verleumder, denn er paßte sich nicht an, und er hatte einen wütenden Haß auf Stalin, der eine Bewegung authentischer sozialer Ideologie in eine Diktatur von bestialischer Grausamkeit verwandelt hatte.

Souvarine zog sich aus dem aktiven politischen Leben zurück. Abgesehen von den Veröffentlichungen einiger weniger Artikel, lebte er als Weiser weit entfernt von dem Trubel unserer Zeit. Er ließ sich mit Françoise auf dem Lande nieder, und in den letzten Jahren vor seinem kürzlichen Tod hat er sich nur noch mit einigen Karten bei seinen Freunden gemeldet.

Bei meinen Reisen durch die USA lernte ich ein Land von wahrer Schönheit und Menschen von unvergleichlicher Gastfreundschaft kennen. Das einzige, schmerzliche Problem, auf das ich stieß, war das Rassenproblem, das zum Glück mehr und mehr verschwindet. Es war damals nicht selten, vor allem in der amerikanischen Provinz, daß ich am Eingang eines Klubs ein Schild sah: »Verboten für Schwarze und Juden.«

Aber das war in den fünfziger Jahren. Ich nahm damals im Süden, in Savannah, Georgia, in Begleitung von Philippe de Croisset an einem Kongreß für Tourismus teil. Als wir eines Tages zusammen zu einer Sitzung wollten, stiegen wir in eine Straßenbahn ein, ohne zu bemerken, daß wir ein Tabu oder ein örtliches Gesetz verletzten. Wir wunderten uns nur, daß wir in diesem Wagen nur Schwarze sahen. Sofort kam der Kontrolleur herbeigerannt und forderte uns in heftigem Ton auf, sofort in den für Weiße bestimmten Wagen umzusteigen. Wir entgegnetem dem Angestellten wütend, daß wir Franzosen seien, Bürger eines Landes, das keine Rassendiskriminierung kennt. Die Antwort machte ihn nur noch wütender und er sagte:

»Natürlich, Sie sind Franzosen und wollen uns Lehren erteilen. Aber wir sind hier bei uns, und wir bitten Sie, unsere Gesetze einzuhalten.«

Da ich nur zu gut wußte, wo der Rassenwahn hinführen konnte, war diese Situation mir äußerst unangenehm. Die USA haben inzwischen in sich selbst genügend Stärke und politischen Willen gefunden, um auf friedliche Weise eine Ungerechtigkeit zu beseitigen, die in diesem Land so viel Leid verursacht hat.

Mein Aufenthalt in den USA fiel auch in die Zeit des verschärften »Kalten Krieges«. Trotz der Treue, die ich den demokratischen Idealen gegenüber in meinem Innersten bewahre, wurde ich, wenn auch in geringerem Maße, Opfer des McCarthyismus, dieser wahnhaften Form des Antikommunismus, der dem Bild, das man sich in der Welt von den USA machte, eine kurze Zeit lang schweren Schaden zufügte und zahlreiche Bürger zur Verzweiflung trieb. Einmal hatte ich eine Einladung zu einer wichtigen politischen Veranstaltung in Madison Square Garden angenommen, wo über die Position der »fellow travellers« diskutiert werden sollte. Das waren Anti-McCarthy-Leute, die zur nichtkommunistischen Linken gehörten, die Kommunistische Partei und die UdSSR aber nicht bekämpften.

Wie alle Besucher wurde ich am Eingang aufgefordert, Namen und Adresse in eine Liste einzutragen, damit man mir eine Dokumentation oder Einladungen zu anderen Veranstaltungen schikken könne. Das habe ich jedenfalls geglaubt. Unter dem Druck McCarthys hat das FBI die Namenslisten dieser Veranstaltung beschlagnahmt. Mein Name stand auch drauf. Mehr war nicht nötig. Als ich das nächste Mal nach Paris fuhr, wurde mir das Wiedereinreisevisum in die USA verweigert. Dieser Zwischenfall hatte keine weiteren Folgen. Mein stellvertretender Direktor beim französischen Reiseservice war Colonel Atvater, ehemaliger Colonel der amerikanischen Armee und Präsident der berühmten »Veteranen«. Er war vor dem Krieg Besitzer eines Reisebüros in Algier. Als er erfuhr, daß man mir das Visum verweigerte und mich damit hinderte, meine Geschäfte in New York weiterzuführen, drohte er, aus der Vereinigung der Veteranen auszutreten. Mein Visum wurde mir alsbald erteilt. Aber dieser Zwischenfall vermittelt eine Vorstellung von der Atmosphäre, die damals in den USA herrschte.

Eine große Enttäuschung war für mich in dieser Zeit der Weggang meines guten Freundes Jean-Bernard Verlot, den die französischen Eisenbahnen zum Präsidenten der Gesellschaft Interfrigo in Basel beförderten. Mir brachte dieser Weggang in jeder Hinsicht Schwierigkeiten, und New York bereitete mir nicht mehr dieselbe Lebensfreude, die mir die immer aufmerksame Gegenwart von Jean-Bernard vermittelt hatte.

Neben meiner Arbeit pflegte ich auch weiterhin den Kontakt mit vielen Freunden. Ich schloß mich enger an Yvonne Petrement an, eine junge Diplomatin, die französischer Konsul in New York war, und im selben Gebäude wohnte wie ich, in der 54. Straße zwischen der Madison Avenue und der 5. Avenue. Sie beendete ihre Karriere als Generalkonsul. Nachdem sie in den Ruhestand getreten war, widmete sie sich ehrenamtlich Frauenproblemen bei der UNO.

Ich hatte vor 1939 ein sehr wohlhabendes russisches Ehepaar kennengelernt, die J., die mich um Referenzen über Hilda Copnall, das englische Kindermädchen von Marie-Claude, gebeten hatten. Kurz vor Ausbruch des Krieges hatte ich gehört, daß dieses russische Ehepaar mit seinen Kindern wegen kommunistischer Umtriebe aus Frankreich ausgewiesen und mit meinem ehemaligen Kindermädchen in die USA emigriert war.

Sie hatten aus der Presse von meiner Anwesenheit in New York gehört und nahmen Kontakt mit mir auf. Ich erhielt durch Hilda Copnall, die glücklich war, mich heil und gesund wiederzusehen, eine Einladung zum Abendessen. Ich war neugierig zu erfahren, was aus den J. geworden war, zumal sie ihren Namen in den USA geändert hatten.

Ich nahm die Einladung also an. Sie bewohnten in einem sehr vornehmen Viertel, in der Manhattan Park Avenue, ein wunderbares, luxuriös eingerichtetes Appartement. Die Begrüßung war herzlich. Man erwartete noch einen Gast, dessen Name nicht verraten wurde, wahrscheinlich wegen des Überraschungseffekts. Dieser Gast, der mit großer Verspätung eintraf, war kein anderer, als Krawtschenko, der sowjetische Überläufer und Autor des Buches »Ich wählte die Freiheit«, über das die Presse der ganzen Welt sprach und das in Paris einen Prozeß auslöste, der in den Gerichtsannalen berühmt wurde. Vielleicht war Krawtschenko sein Erfolg zu Kopfe gestiegen. Alle Salons in New York rissen sich um ihn. Er kam mir äußerst eitel vor, eingebildet und gleichgültig den Meinungen anderer gegenüber. Die Bemerkungen, die er über die Lage in der Welt machte, überraschten mich. Der Vorsänger des Antisowjetismus sprach zu meinen Gastgebern über Rußland und den Kommunismus in einer Art und Weise, die dem Botschafter Stalins nicht mißfallen hätte.

Krawtschenko lud mich zweimal zum Essen ein. Er bat mich jedesmal, wenn ich irgendeinen Prominenten dabei treffen würde, sollte ich ihn mit Mister Martin vorstellen. Die Gelegenheit ergab sich einmal mit dem französischen Konsul, und wir mußten noch lange danach über diese Vorstellung lachen.

Aber Krawtschenko konnte mir keine Informationen entlokken, wenn es das war, was er erhoffte. Sein Leben fand ein schlimmes Ende in Amerika, wo seine wirkliche Identität enthüllt wurde. Kurze Zeit nach meiner Rückkehr nach Frankreich beging er Selbstmord.

1952 stieß die französische Eisenbahngesellschaft S. N. C. F. auf Schwierigkeiten mit den amerikanischen Reisebüros, die behaupteten, unsere Organisation sei halbstaatlich und wir würden unsere Tickets für Aufenthalt und Rundreisen in Frankreich ohne Gewinn verkaufen. Das stelle für sie eine unlautere Konkurrenz dar. Also entschloß sich die S. N. C. F., unser Büro in New York zu schließen.

Ich wurde zu meiner großen Freude nach Paris zurückgerufen und zur Direktorin der SCETA ernannt, die für den gesamten Service für amerikanische Frankreich-Touristen verantwortlich war.

Mit großer Freude traf ich auch Jean-Bernard Verlot wieder, der ebenfalls nach Paris zurückgerufen und zum Direktor der Gesellschaft für Kühltransporte ernannt wurde.

Als ich 1956 gebeten wurde, in Frankfurt/Main das gleiche französische Reisebüro wie in New York zu eröffnen, lehnte ich dieses Angebot ab. Ich war der Meinung, daß ich für den Rest meines Lebens von den Deutschen genug hatte und außerdem konnte ich nicht die Sprache Goethes.

Ich gab meine Stellung also auf und wurde einige Jahre lang Geschäftsführerin eines privaten Reiseunternehmens in der Rue de la Paix in Paris. 1960 wurde ich auf Wunsch der Regierung der Niederlande Direktorin für die Öffentlichkeitsarbeit des niederländischen Tourismusbüros in Paris. Ich gab diesen Posten 1970 auf, um in den vorzeitigen Ruhestand zu treten.

Meine Scheidung von Robert wurde 1955 ausgesprochen, aber wir unterhielten weiterhin lebhafte freundschaftliche Beziehungen. Das ist keine leere Behauptung.

Marie-Claude heiratete einen Engländer und lebt in London in einem schönen Haus am Ufer der Themse. Sie schenkte mir zwei Enkelkinder, Georgina und Christopher. Georgina schenkte mir einen Urenkel, Benjamin.

Ich habe mein Leben als Häftling nicht vergessen. Ich gehöre der ADRI an, der Vereinigung der Deportierten und Internierten der Resistance. Unser Ziel ist es nicht, den Kult der Vergangenheit zu pflegen oder uns endlos unsere Erinnerungen und unsere Leiden der düsteren Jahre zu erzählen.Ganz im Gegenteil, wir bemühen uns darum, daß die jungen Generationen über die fürchterlichen Verbrechen aufgeklärt werden, deren Zeugen wir waren, sowie über die Gründe, die sie ermöglicht haben, damit sie wirksam handeln können und es nie wieder Konzentrationslager und Gaskammern gibt. Wir bemühen uns gleichfalls, ehemaligen Kameraden zu helfen, die große Schwierigkeiten haben zu überleben.

Außerdem bin ich Vizepräsidentin des europäischen Komitees für Menschenrechte, das bis zu seinem Tode unter dem Vorsitz des großen Dichters und Akademiemitglieds Pierre Emmanuel stand. In dieser Funktion bemühe ich mich, das Ideal zu verteidigen, das uns während des Krieges bewegte.

Die Vereinigung der Widerstandsgruppe »Alliance«, deren Präsidentin Marie-Madeleine Fourcade weiterhin alle Ungerechtigkeiten mit einer für ihr Alter unglaublichen Energie bekämpft, hat mir die Vizepräsidentschaft anvertraut.

Aber die Jahre vergehen zu schnell. Viele Kameraden, die wie ich das Glück hatten, heimzukehren, sind heute, 1986, nicht mehr am Leben. Meine teure Tatiana de Fleurieu ist im Januar 1981 gestorben. Andrée Girard, meine Freundin in guten und schlechten Zeiten, trägt ihre zweiundachtzig Lenze mit Stattlichkeit und Lebensfreude. Ihr und ihrem Mann verdanke ich die Bekanntschaft mit André Suarès, dem großen Schriftsteller, Dichter und Philosophen, dem Autor des Buches »Le voyage du Condottiere«, den man heute wiederentdeckte und dessen Bedeutung für die französische Literaturgeschichte man endlich anerkennt.

Ich besuchte ihn jede Woche einmal in seinem Haus in La Varenne-Saint-Hilaire, wo er von Tausenden Büchern umgeben ein äußerst bescheidenes Leben führte. Er wurde von Alice Kampman unterstützt, einer bemerkenswerten Mitarbeiterin von seltener Ergebenheit, die ihr eigenes Leben diesem unbeugsamen und schwierigen Mann geopfert hat. Er hat sie schließlich geheiratet. Vielleicht bin ich noch die einzige Person auf Erden, die an seiner Hochzeit in seinem Haus teilnahm, zusammen mit Gabriel Cognacq, diesem aktiven Mäzen, der ihn in seinen letzten Lebensjahren unterstützt hat.

Als der Bürgermeister ihm die rituelle Frage stellte: »Sind Sie bereit, Alice Kampman zur Frau zu nehmen?«, gab Suarès die unerwartete Antwort, die den Bürgermeister nicht befriedigte, so daß er die Zeremonie wiederholte. Suarès sagte: »Na ja, wenn ich muß, würde ich ja sagen.«

Eines Tages hatte er den Wunsch, vor seinem Tode – wie er sagte – die Kathedrale von Chartres wiederzusehen. Ein Freund, der ein großes Auto hatte – ich fuhr nur einen kleinen Renault – erbot sich, uns hinzubringen. Wir fuhren an einem schönen Morgen los, aber wir kamen niemals in Chartres an. André Suarès behauptete, das Gerede unseres freundlichen Fahrers würde ihn reizen, und er verlangte auf halbem Wege, daß wir umkehrten und ihn nach Hause zurückbrachten.

Er war jüdischer Herkunft und litt darunter. Das Christentum hat ihn stets angezogen. Er bat Paul Claudel, ihm zu helfen, den Weg zum Übertritt zu finden. Doch die Argumente seines Freundes konnten ihn niemals zufriedenstellen. Seine Korrespondenz mit Claudel zeigt die tiefe und große Unnachgiebigkeit von Suarès. Sein Geist war zweifellos zu subtil und unabhängig, als daß er sich ohne kritische Analyse von einem Glauben erobern ließ, den er dennoch so intensiv suchte.

Ich hatte den Eindruck, daß meine rückhaltlose Offenheit ihm sehr gut gefiel. Er war erstaunt, wie frei ich über meine Zugehörigkeit zum Judentum sprach. Diese Freimütigkeit war jedoch nie eine Herausforderung. Ich fand es normal, mich so zu geben, wie ich war, und er beneidete mich darum, daß ich niemals unter meiner Herkunft gelitten habe.

Ich begleitete ihn zu seiner letzten Heimstatt auf dem Friedhof in Beaux-de-Provence. Er wurde an der Seite seines Freundes, des berühmten Graveurs Jou, beerdigt. Das war eine unvergeßliche Feier unter der Sonne des Südens.

1978 wurde Robert krank. Die Cousins, bei denen er wohnte, wollten ihn in ein Krankenhaus bringen. Er hielt es nicht für nötig und glaubte nicht an den Ernst seiner Krankheit. Er war zutiefst erschüttert, denn er fürchtete das Krankenhaus. Mein Lebensgefährte schlug vor, ihn in der Wohnung aufzunehmen, die auch die Wohnung seiner Jugend gewesen ist. Robert stimmte zu, denn er schätzte die Aufrichtigkeit, die Herzensgüte und den Großmut des Mannes, der sein Nachfolger in meinem Leben geworden war.

Umgeben von Aufmerksamkeit, Zuvorkommenheit und Zärtlichkeit starb er zwei Monate später, mutig und mit Würde.

Er konnte nicht mehr erleben, daß sein Name dank eines besonders begabten Mitglieds seiner Familie in Frankreich und in der Welt bekannt wurde. (Laurent Fabius war in den achtziger Jahren Premierminister Frankreichs und ist gegenwärtig Präsident der Nationalversammlung.) Doch ich bin sicher, daß Robert die politischen Auffassungen seines brillanten Cousins nicht geteilt hätte. Wir sind im Laufe der Jahre mit seinen Verwandten allmählich auseinander gekommen, wie das in vielen Familien geschieht. Aber Robert erinnerte sich immer gern an die Zeit unserer ersten Ehejahre, als Emmanuel, Raymond, Fernand, Pierre und André Fabius, der Vater von Laurent, sowie ihre Frauen, ihre Cousins Meyer, Gaston, René, Camille und wir selbst uns anläßlich der großen jüdischen Feste bei Tante Charlotte versammelten.

Die Reise nach Jerusalem verdanke ich Jean-Bernard Verlot. Obgleich Jean nicht gläubig und katholischer Herkunft war, zeichnete er sich durch eine ungewöhnlich offene Geisteshaltung aus und wurde von der jüdischen Religion sehr angezogen. Er hat mich von der Notwendigkeit überzeugt, diese Pilgerfahrt zu unternehmen. Sie sei wichtig für mich, er stellte sie mir als Pflicht dar.

In Israel fand ich in der Gedenkstätte Yad Vashem die Bestätigung des Todes meines Vaters in Birkenau. Die Entdeckung seines Namens an diesem Ort war einer der schmerzlichsten Augenblikke meines Lebens, aber ich begriff, wie mein so treuer Lebensgefährte mir erklärt hatte, daß diese Reise für mich unerläßlich gewesen ist, und trotz meines Schmerzes war es ein Trost für mich, sie mit ihm unternommen zu haben.

Jean-Bernard überlebte Robert nur um drei Jahre. Auch er starb mit Mut und Würde.

Vor einem Jahr starb auch mein Bruder. Von den drei Männern, die mir in meinem Leben so viel bedeutet haben, ist keiner mehr am Leben. Kurz vor seinem Tode hat Jean-Bernard Verlot den Wunsch geäußert, mit mir in »jüdischer Erde« beigesetzt zu werden. Ein Grabmal aus schwarzem Granit wurde also auf dem jüdischen Teil des Friedhofs Montmartre angefertigt, auf dem er jedoch nicht beigesetzt werden konnte, weil er keine Zeit mehr hatte, zu konvertieren, wie er es beabsichtigt hatte.

In diesem Grabmal werden wir uns wiederfinden, wenn meine Stunde gekommen sein wird.

Das Leben geht weiter, bereichert von der Erinnerung an die pulsierenden und leidenschaftlichen Jahre. Meine Tochter und die Enkel leben in England, ich sehe sie selten. Mir bleibt nur der Wunsch, denen zu helfen, die meine Freunde bleiben bis zu dem Augenblick, da auch ich gehe, um die wiederzusehen, die ich so geliebt habe.